10
MAGIC
WORDS

10
MAGIC
WORDS

讓孩子心智堅定又自信的10句話

別小看「關鍵一句話」的力量！媽媽的教養口頭禪，改變孩子的一生

子どもの自己肯定感を高める
10の魔法のことば

石田勝紀——著
黃筱涵——譯

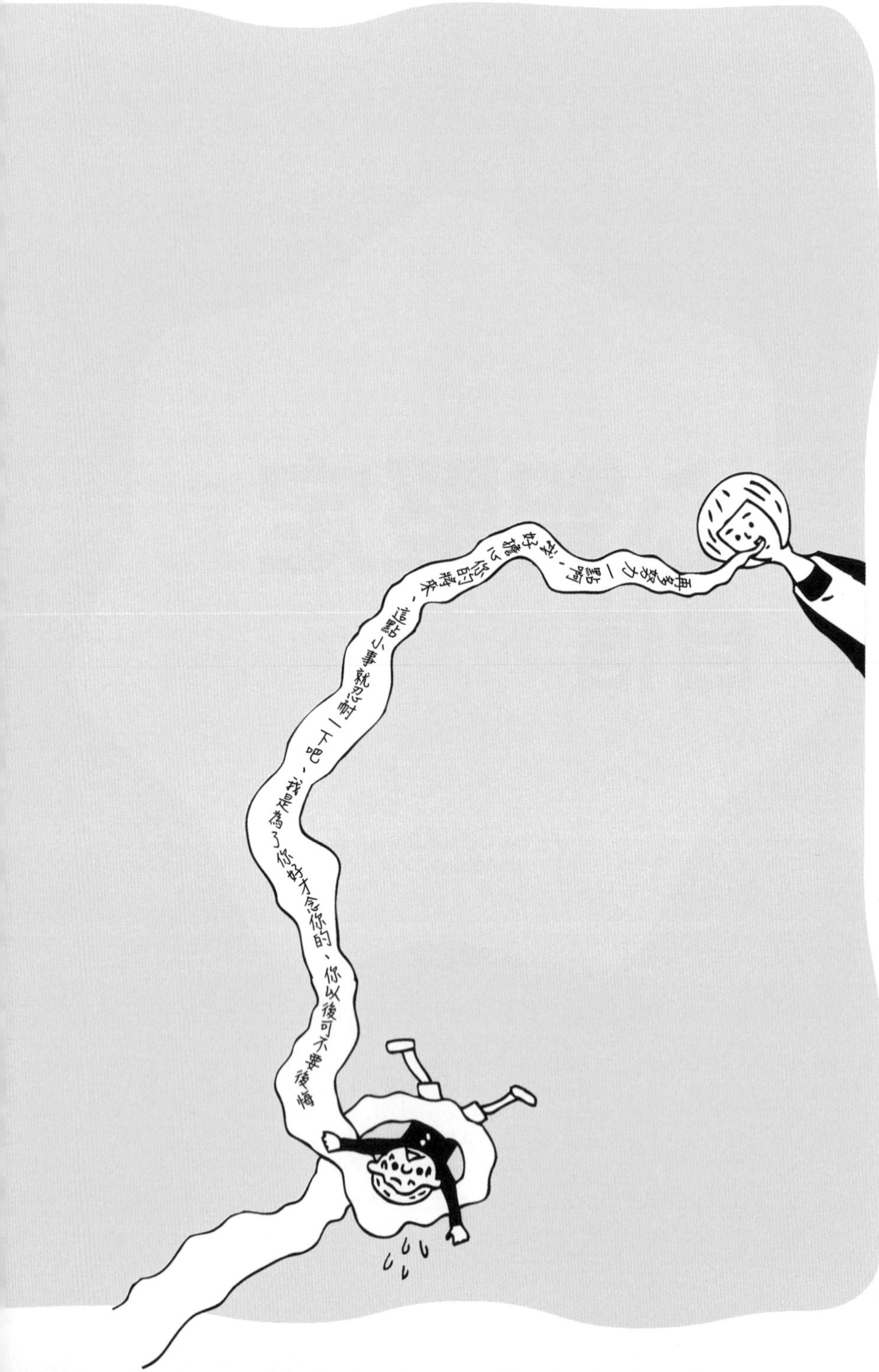
再多努力一點啊，我好擔心你的將來，這點小事就忍耐一下吧，我是為了你好才念你的，你以後可不要後悔

前言

你是否對孩子用了詛咒的話語？

首先請容我提問。
閱讀本書的各位爸媽，是否曾對孩子說過這樣的話呢？

「這點小事就忍一忍吧！」
「你會被大家討厭喔。」
「將來後悔的可是你自己。」
「你的朋友是不是太少了？」
「現在可是重視學歷的社會喔！」
「你這樣會不受歡迎。」
「最後會被笑的可是我們做爸媽的。」
「落榜的話最痛苦的可是你自己。」
「我真擔心你的將來。」

「你長得平平凡凡，只能認真念書了。」

「連這點小事都辦不到嗎？」

「這都做不好，真是看不下去。」

「我是為了你好才講的！」

「看看姊姊做得多好……」

我曾針對小學三年級生至高中三年級生做過問卷調查，詢問「父母最讓你覺得心情沉重、討厭的一句話是什麼」，結果前述的話語重複性特別高（另外還有更多沒有列入）。

曾當過孩子的我們以前會苦笑著說：「同樣的事情，我家爸媽可是重複了一百遍以上」、「每個爸媽都會說這種話吧？」然而現在的我們，是否也用了相同的話語刺激著孩子呢？

這些都是不該對孩子們出口的話。

所以我稱其為**「詛咒的話語」**。

突然聽說自己的叮嚀是詛咒的話語，各位是否覺得擔憂又恐懼呢？身為這個名詞的創造者，我也明白聽起來很不祥，每次說出「詛咒」二字時內心也不太平靜。

或許也有人聽了覺得心慌，甚至認為這種表達方式很奇怪：「我才不會詛咒我深愛的孩子！」

但是這些脫口而出的話語，真的具有詛咒的力量。

從問卷調查結果可以看出天下父母心，大家都希望孩子成為「好孩子」、「得體的孩子」，也期望能夠「盡力為孩子排除所有風險」。

但是父母所抱持的心意，與孩子接收到的情感卻產生了極大落差，因此聽在孩子耳裡就只有父母不由自主散發出的負面訊息。

「連這點小事都辦不到嗎？」

「這點小事都做不好，真是看不下去。」

「再多努力一點。」

每天聆聽這些話語的孩子，會在內心產生負面的自我形象，認為「我很沒用、我被大家討厭、我差人一等……」長久累積下來，不知不覺間負面的自我認知就成了現實。

如果這些脫口而出的話語，就是造成孩子自我肯定感降低，並摧毀未來可能性、導致成績無法提升的元凶，各位會有什麼感想呢？

我從事教育行業三十年以上，自二十歲創設補習班後，在摸索中逐漸擴大領域，深入教育現場。包括完全中學教育、經營改革、研究所進修、大大小小的講座、與媽媽們一起聊育兒的下午茶學習會、上市公司企業研修等。

經由這些現場經驗，至今已直接參與過超過三千五百名孩子的教育，並透過講座等型式接觸超過五萬個孩子。從這些經驗當中，我參透了幾件事情，其中最核心的一件就是——

孩子不會被自己摧毀。

但是，孩子會因為父母的話語而遭摧毀。

至於摧毀什麼呢？那就是自我肯定感。

自我肯定感是什麼？

雖然定義眾說紛紜，我個人則認為是「**能夠認定自己是有價值的人類，坦率地將自己視為重要的存在**」。

也可以說是「對自己抱持肯定的態度」。

自我肯定感不僅會影響到學習成績，據說個人潛能、自我認同與人生品質都會受到影響，這些都是對成年人也很重要的精神力。

每位關心自家孩子前途的父母，肯定會期望孩子具備高度學習能力與闖蕩社會所需要的常識。仔細想想，既然如此，最重要的就是孩子要先能夠自我肯定，那麼為孩子培養能夠肯定自我的感性，應當比學習能力與紀律更為優先。

本書要建議各位「從改變自己的表達方式著手，別試圖改變孩子」。

只要父母改變表達方式，孩子的自我肯定感就會提升。

只要父母改變表達方式，孩子的將來就會產生變化。

「捨棄詛咒的話語，試試看蘊藏魔法的話語吧。」不覺得聽起來很有趣嗎？當然，這不必花到半毛錢，也不需要費多少力。

如果抱持著「怎麼可能那麼簡單」、「好困難」、「不可能」這類想法，或許真的很難順利。但是如果放輕鬆一點，用「既然如此，那就試試看吧」的心情去執行，肯定會導向更愉快的現實。

話語可能變成詛咒，但也可以成為祝福。

「只是改變自己說的話，就能夠提升孩子的學習能力？我才不信。」若仍心存懷疑，建議各位不如抱持著「先試兩週看看」的輕鬆心情，親自體會一番吧。

使用魔法的話語時，態度愈是「輕快、開朗」，就愈能夠發揮莫大的效果。

施加壓力

沒問題!!
咿!
你一定
顫
抖
你可以的!絕對可以!
你這麼棒又這麼優秀,
絕對、絕對沒問題!!
沒問題!!
大丈夫
全身僵硬
沒問題!!
砰
大丈夫
啪
啊

目錄

第二章

提升孩子自我肯定感的十大魔法金句

第三章 媽媽們的困擾諮商室

第一章

為什麼必須提升孩子的自我肯定感？

孩子會誤將「偏差值」視為「自己的價值」

各位曉得日本孩子的自我肯定感，遠比美國、中國還有韓國的孩子低嗎？

根據《高中生的生活與意識調查報告書》（二〇一六年由日本文科省提出，教育再生實行會議資料）顯示，在「我擁有與他人相當的能力」問題中，回答「非常認同」的人只有7.4％。

然而在「有時認為自己很沒用」的問題中，回答「非常認同」與「大致認同」合計竟**多達72.5**％。透過這份報告可以看出，日本孩子對自己的認知，與其他國家的孩子大不相同（參照第20頁的表格）。

這個結果受到國情、文化、歷史觀、學校教育、家庭教育與當事人的感性等諸多因素影響，很難說是哪個特定原因造成的。

但是以我在教育現場三十年以上的經驗來說，**「日本幾乎所有的孩子，都會因為考試成績導致自我肯定感崩潰」**。

小學低年級的「學習」還只是「遊戲」的延伸，但是到了三、四年級就得留意國中入學考的事情，因此開始有孩子被送去補習，並透過補習班本身的入學考或模擬考等，體驗「被篩選」的感覺。

升上國中後開始有期中、期末等定期考試，且會很殘酷地以分數使成果可視化，讓孩子們下意識地排出高低順序。

考高中時的「偏差值」又成了形影不離的比較依據，學校也有公開的「前後排序」，任誰都能夠藉此輕易判斷孩子們的學習能力。

「英文考得很好，但是數學也太糟了吧？英文這樣差不多了，接下來就多算點數學吧。」大部分的母親都會先稱讚完英文（甚至也有人直接忽視！）後就開始追究五十分的數學，要求這個要求那個，說出讓孩子反感的話吧？

很多日本人重視做不好的部分（缺點）勝於做得好的部分（優點）。

「該稱讚就稱讚，該提醒就提醒，這樣有什麼不對嗎？」

這種做法其實很正常，但是從提高自我肯定感與提高學習能力的角度來說，這種應對方法是有問題的。

「為什麼辦不到？」

「你有認真讀書嗎？」

「你是不是缺乏幹勁？」

當父母總是看著考卷與成績單說出這些話語時，孩子們能接收到的就只有父母的煩躁與攻擊性情緒。

原本是想激勵或是為孩子打氣，卻蘊含著怒氣、諷刺或酸言酸語的語意時，就等同是在詛咒孩子。

「你這個地方不行」、「這裡錯了喔」父母擅自斷言孩子哪裡做得不好，甚至追究所有細節時，孩子學習的幹勁自然會變差，如此一來愈來愈討厭數學，永遠讀不好數學也是理所當然的。

順道一提，如果我看到補習班的學生或是自家孩子拿出這種成績時，會打從心底爽快地稱讚：「哦！英文一百分耶，你很努力了喔！很好，你辦到了呢！」接著再以陳述事實的方式看待數學：「數學考五十分嗎？啊，這樣啊。」表現出「我知道了」後就結束這回合。

無論分數是好是壞，對已成定局的事情說三道四並沒有意義。

此時最重要的，就是為了避免讓孩子覺得考五十分就夠了，得想辦法讓孩子主動對其感到不滿意。「我該怎麼辦才好？」、「為什麼會考不好呢？」通常孩子不會主動徵求建議，所以我會詢問：「那麼你打算怎麼辦呢？」如此一來，大部分的孩子都會說出：「我想考更高分。」這時我就會提出「來討論該怎麼考更高分吧」的建議，並陪著孩子一起重新解開並分析做錯的題目。

只要能夠修正錯誤，下一次就不會再錯了，所以我會引導孩子明白錯誤與失敗都是值得慶幸的，告訴他們：「錯誤與失敗都是寶貴的經驗喔。」

長期累積這樣的經驗，孩子就不會再害怕錯誤或失敗了。

自我肯定感與孩子未來的幸福息息相關

「反正」、「我果然不行」、「沒辦法」↓為自己設限的話語

「好煩」、「討厭」、「火大」↓拒絕他人的話語

「像我這種人」↓自暴自棄的話語

自我肯定感偏低的孩子們有一大共通點，就是平常講話時就經常使用這種「負面的話語」。

在我聽來這些都是孩子們的感嘆與哀號，代表著他們「不想失敗」與「不想受傷」。

或許他們嘗試過了卻沒有獲得正面的結果，所以抗拒再看見那麼悲慘的自己，進而產生這些「自我防衛的話語」。

孩子每天都會遇見新的人事物，從中獲得的知識與體驗到的情感，都會在體內慢慢累積。

孩子愈有自信就愈不怕失敗，願意反覆挑戰，因此成功經驗也相對得多，即使失敗了也能夠將其視為「一個經驗」並從中學習，懂得將失敗轉化成自己的養分。

相反的，孩子自信不足時就會恐懼失敗，即使有獲得新體驗的機會也會裹足不前，成功經驗自然也會比較少，甚至養成「逃避的習慣」。也就是說，自我肯定感偏低的孩子，會自己封印起自己的可能性。

此外他們遇到人際關係的摩擦與衝突時，也會產生過剩的「自我否定」反應，所以會有很容易就感到挫敗的傾向。因此「脆弱的心靈」也是自我肯定感偏低的孩子特徵之一。

具有高度自我肯定感的孩子則有下列共通點：

- **經常使用「我可以、沒問題、我想試試看、別擔心」等正面話語**
- **能夠確實表達出自己的意見**
- **不容易受傷**
- **對他人與自己都很寬容（溫柔）**
- **不做無謂的爭辯**

對自己有自信的孩子，也會懂得信賴他人與自己所處的世界，協調性較高，看待萬物時也會採取肯定且樂觀的角度。

他們養成的不是「逃避的習慣」而是「嘗試的習慣」，所以無論面對什麼事情都有嘗試的意願，總是採取積極的態度，並且透過反覆的嘗試與失敗拓展自己的可能性。

換句話說，自我肯定感高的孩子富有挑戰精神，因此可活用才能的機會也比較多，當然就容易產生「人生很快樂」的正向情緒，幸福感也跟著水漲船高。

簡單來說就是：

「他們具備打造幸福人生的技能」。

- **秉持著正向精神反覆努力，朝著幸福人生邁進的高自我肯定感孩子**
- **自我肯定感偏低，為了獲得他人與社會認同而苦苦努力的孩子**

你希望自家孩子長成什麼模樣呢？

提高學習成效是獲得自我肯定感最直接的方式

隨著近年顯著的科技發展，孩子們的遊戲場所產生了劇烈變化。

在電腦與智慧型手機還不普及的時代，孩子們的「遊戲」內容雖然純樸且饒富野趣，卻比現代更加豐富且多元吧？打棒球、爬樹、釣魚、抓昆蟲、玩偶家家酒、塑膠模型、直排輪、跳繩、卡牌遊戲、塗色等。

其中總會有一兩項是自己特別擅長的，因此獲得朋友或家人讚賞「好厲害」、「你好會玩」的機會也相當多。

透過形形色色的遊戲在不知不覺間感受到
「自己備受期待」
「自己很可靠」
「有人需要自己」
理應有助於自我肯定的感性萌芽。

不只是遊戲，一些生活小事也一樣。

賽跑速度很快、能夠說出許多怪獸名稱、擅長畫出人氣動畫的角色、讀了很多書……只要有一項讓人稱讚「好厲害喔」的事情，孩子就能夠感到自豪，自然而然備齊了孕育自我肯定感的豐饒土壤。

但是現今的遊戲場所都集中在電腦遊戲上，對於不擅長打電動的孩子來說，獲得認同的機會就大幅減少。

那麼現代孩子該怎麼培養自我肯定感呢？

那就是不再像以前一樣仰賴遊戲場所，轉而運用學習場所的「學科成績」。我並不想用時勢或風潮等理由來搪塞「用成績衡量自己」這種現象，但是這卻已經是難以否認的現實了。

當然，成績並不代表一切。

體育、音樂或美術能力卓越的孩子，都「已經展現出能力」，自然能夠產生紮實的自我肯定，知道「我很厲害！我辦得到！」因此即使學科成績不佳，自我肯定感也不會降低太多。

「啊！國語只考四十分……」即使有時會因此而沮喪，也只是暫時性的。「雖然國語還有待加強，但是至少我有其他技能，沒問題的。」這類孩子就像這樣不會隨便否定自己。

但是大部分的孩子都只是「極其平凡的孩子」，不具備前述如此出色的才能或特殊技能。

屬於大多數人的平凡孩子們會在「學習場所」裡，接受大人以「分數」制訂的衡量基準，並且毫不留情評斷高低，使得他們的自我肯定感過度降低。

那麼這些極其平凡的孩子們，該怎麼做才能夠提升自我肯定感呢？

最簡單的方法就是提升成績。

既然成績造成的排序會降低自我肯定感，那麼只要提升成績奪回自我肯定感即可，可以說是非常簡單的方法。

聽到這種說法，想必大家都會苦笑道：「最難的就是讓成績變好啊！」但是能夠提升孩子自信的成績，以及強化自我肯定感的成績水平其實五花八門，因人而異。

我致力於提升孩子們的成績，不是為了讓全日本孩子都埋頭苦讀，達到偏差值七十以上，要他們考上門檻很高的名校。

而是為了讓孩子們獲得「欲取得幸福人生所必須的自我肯定感」。然而要實現這個目標就必須擁有相應的成績才行。

事實上，相較於期待孩子在音樂、體育或美術這些特殊才能的領域開花結果，提升學業成績還比較簡單。因為孩子們的童年花最多時間做的，就是學習這些主要學科。

自我肯定感提升後，成績也會跟著變好。

成績變好後，自我肯定感也會跟著提升。

我至今看過許多實際案例，由衷體會到「自我肯定感」與「成績」密切相關。

雖然這就像「先有雞還是先有蛋？」循環的因果關係，我仍舊認為只要孩子能夠透過某些領域獲得自我肯定感，那麼自我肯定感就會像益生菌的核一樣自行增殖。

益生菌開始分裂後會不斷增加，但是少了核就連一個益生菌都生不出來。

唯有父母每日的話語，能夠為孩子打造自我肯定感的「核」。

破壞孩子自我肯定感的詛咒話語①——「快點」

「我努力不說出傷害孩子的話語。」
「我非常注意自己的用字遣詞。」

即使媽媽像這樣非常留意與孩子對話時的表達方式，仍難免有些強力的負面話語脫口而出。

「快點」
「好好做」
「去讀書」

這三句話可以說是媽媽們最常對孩子說出的話語前三名，各位肯定心有戚戚焉吧？相信這三句話也已經成為很多媽媽的口頭禪了。

這三句容易不經意掛在嘴上的話語（因為沒什麼衝擊性），其實正是會破壞孩子自我肯定感，最不該使用的「負面效果百分之百的詛咒話語」。

從結果來說，全力避免使用這三句詛咒話語，一旦能夠將它們從日常生活中徹底驅逐，孩子的內心就會變得更積極樂觀。

「那很簡單啊！」各位是否這麼認為呢？不不不，其實一點也不簡單。無論我們多麼明白這個道理，對媽媽們來說根本很難完全避免。

「快點起床」、「快點刷牙洗臉」、「別再玩手機了，快點睡覺」……「快點」就像這樣已經成為媽媽們日常生活中最常使用的副詞了。

但是各位知道孩子與父母的時間感，其實有著極大的落差嗎？

「人類感受到的時間快慢與年齡呈反比。」

這種現象稱為珍妮特法則（Janet's Law），舉例來說，對於十歲的孩子來說，一年等於人生的十分之一，對於四十歲的人來說卻不過是人生的四十分之一。也就是說，大人感受的時間遠比孩子快上許多。

從這個法則來看，四十歲父母的一小時，相當於十歲孩子的四小時。雖然這種解釋法有些亂來，但是孩子的時間流速等同於是大人的四倍，相當緩慢。

「快點去做！」

「我正打算去做！」

這是親子之間很常發生的衝突，據信一大要因就是出自於體感時間的差異。

孩子對時間的感受比大人強上好幾倍，在孩子眼裡的時間是緩慢流動的。請各位要先對此有些概念並記在心上。

那麼催促孩子「快點去做」的最大問題，就在於母親的話語會變成「鬧鐘鈴響」，成為控制孩子的力量。

舉例來說，媽媽每天對孩子說著「別再磨磨蹭蹭，快點去上學！」——這是每個家庭都會反覆發生的家常便飯。

但是為什麼得每天反覆叮嚀呢？這是因為孩子沒有養成「時間到就出門」的習慣。也就是說，父母養成了「等到父母怒吼『再不快點會遲到』時才願意出門」的孩子。

孩子將父母的「快點」當成鬧鐘鈴聲，所以沒聽到「快點」就不打算行動。事實上，在鬧鐘響之前沒有動作是非常自然的事情。

同理，父母不催就不願意起床的孩子，也是因為把父母當成鬧鐘所致。

相信各位已經明白，父母愈是常說「快點」，孩子就愈會放心地不在意時間，放心地磨磨蹭蹭，自然無法主動出擊。

當父母嘴裡的「快點」成為例行的鬧鐘鈴聲，孩子就會受到這種鈴聲的控制。

於是長大之後仍舊無法自行起床、準時出門，和人約好時間卻總是遲到……

除了一部分的特殊情況外，養成遲到習慣的元凶通常就是父母的催促。

破壞孩子自我肯定感的詛咒話語②——「好好做」

「乖乖吃飯」

「衣服穿好」

「坐要有坐相」

「好好地打招呼」

這些是父母在教養孩子時經常掛在嘴邊的叮嚀，三不五時會聽到，但是仔細思考後不覺得「好好做」這個語詞太過抽象曖昧，根本搞不清楚在指什麼嗎？

「好好做」指的究竟是什麼？

通常，說出口的父母本身可能會發現自己也不太了解，所以當孩子聽到指令時，腦中自然也會很單純地浮現「？」，左思右想「好好做到底是什麼意思？我不懂啊。」

其實「好好做！」只是父母用來宣洩壓力的詞彙，也就是單純將煩躁的情緒化為言語罷了。

「好好做」背後隱含著父母只顧自己所衍生出的期望，像是：「你要當個好孩子喔」、「不要讓我丟臉喔」等。

長期聽到如此叮嚀的孩子，**會在不知不覺間產生自卑感，覺得自己是有缺陷的人**。

「我是沒用的小孩。」
「我沒有辦法做到最好。」
「我是讓父母丟臉的失敗品。」

「好好做」是影響力很強的詛咒話語，會讓孩子慢慢累積自我否定感。

破壞孩子自我肯定感的詛咒話語③——「去讀書」

每說一次「去讀書！」，孩子的偏差值就會下降一階。

雖然這句警語有些誇大，但是並非無中生有，因為「去讀書」確實擁有足以造成如此結果的負能量。

事實上並非每個埋頭苦讀的孩子都很擅長讀書，甚至真的擅長讀書的孩子，不會將讀書視為「讀書」。

他們是因為「開心」、「有趣」而讀的。

自發性且態度積極的讀書，才有助於成績提升，至於強制下的效果則可想而知。孩子遭到強迫時，積極度就會跟著被削弱。

孩子對讀書抱持負面想法（無趣、痛苦、不想讀等），是因為無論多麼努力，成績都無法提升的關係。所以當讀書是在強迫下進行時，就無法真的將內容讀進腦中。

即使孩子因此成績提升，也往往只是暫時的，沒辦法真正獲得在持之以恆下所累積而成的高度學習能力。

期望成績變好時的關鍵只有一個。

那就是竭盡全力「幫助孩子打造出積極的心靈狀態」。

（第二章將詳細解說幫助孩子打造積極心靈的具體方法）

其實每個孩子都天生「喜歡學習」，無一例外。據說想搞清楚未知的事物這種欲望，強烈得有如食欲與睡眠欲望等原始欲望，因此每個孩子都必定擁有求知的能量。

既然如此，只要讓孩子的心靈保持開朗輕鬆，自然就能夠釋放出這股能量。但是當父母以歇斯底里的態度反覆要求孩子「去讀書」，就會凍結孩子的求知能量。

如此一來，孩子的內心就會變得萎縮。

一旦內心開始萎縮，就會對「讀書」失去興趣。

偏差值當然也會跟著降低。

聽到「快點」這種命令語句、遭人強迫從事某事時，提不起幹勁也很正常。

- **不強迫孩子去做討厭的事情**
- **不要酸言酸語**
- **不要一直生氣**

光是這樣就能夠幫助孩子內心轉往積極（但是相信很多人都苦惱於前述條件不易達成，所以本書將針對這個困擾加以解答）。

「父母不再要求孩子去讀書時，孩子反而開始主動讀書」的實例不勝枚舉，我收到的諮詢遍布日本各地，其中有許多媽媽都告訴我：「老師，我不再說這句話後，孩子真的開始讀書了。」

「快點」
「好好做」

「去讀書」

這三句話都會讓孩子失去自主性，變成「沒有人要求就不做」。

孩子每次聽到這三句話時，實際接收到的訊息是：「你是沒人唸就不會做的小孩，真沒用。」總有一天他們會打從心底認為「自己是沒用的人」。

如果是帶有惡意或憎惡的話語，父母當然會知道要克制，但是這三句話對爸媽們來說簡直是「生活必需用語」，用起來很方便，因此容易脫口而出。

這些負面訊息會帶著爸媽的煩躁情緒，一起鑽入孩子的內心，摧毀他們的自我肯定感。

所以我才會稱其為詛咒的話語。

大人聽了也刺耳的詛咒話語

如果另一半這樣對你說，你會有什麼感想？

請各位一起來假設（想像）一下吧。

「快點煮飯！」

「打掃乾淨一點！」

「為什麼沒有天天洗衣服？一般都會每天洗吧？」

「不要一直看電視，快去把碗洗一洗。」

如果另一半用這種高高在上又自以為是的語氣，不耐煩地對自己這麼說的話會怎樣呢？各位能夠愉快地做家事或工作嗎？

「我已經趕著在煮飯了！」

「乾淨是怎樣的乾淨法？我已經在做了！」

「大家都這樣？我有自己的步調！」

「囉嗦，我本來就打算看完這集連續劇就去洗碗的！」

是否會像這樣怒火攻心呢？不僅幹勁會減少，即使程度不嚴重，仍很難會有好心情吧？

孩子們當然也是如此。

聽到大人以高高在上的命令口吻，說出一句又一句的詛咒話語，當然也會怒火攻心。

請各位務必在內心模擬前述情境。

相信各位能夠理解這些負面話語的威力了吧？應該多少——不，是非常明白孩子的心情了。

「今天的晚餐真好吃。」

「謝謝你每天辛勤打掃。」

「隨時都可以用到鬆軟乾淨的浴巾真開心。」

當他人不再使用詛咒話語，改用慰勞或感謝的言詞時，無論身為父母、孩子、丈夫還是妻子都會很高興。

「明天也繼續努力吧！」如此一來，心情自然會變好，心靈也會更加積極。

想要提升孩子的自我肯定感與成績，充滿正能量的內心是不可或缺的。因為當人類的心靈感到滿足時，面對不想做的事情也能夠萌生「試試也無妨」的念頭，且擁有「轉換心境」的包容心態。

話語的力量既可產生負面結果，也能夠產生同等的正面效果。

不再使用詛咒話語，就能提升自我肯定感

我已經親眼見證過無數次只要父母改變自己的說話習慣，孩子的成績就會提升的案例。

話語足以改變一個人。

不，或許效果遠高於此。我透過教育經驗與演講活動，注意到話語足以形成一個人與其背後的人生。

孩子們都很單純，不懂得質疑父母的話語，會打從心底接受並吸收。

不久之前有名補習班的學生經常說出：「我很不會讀書。」結果成績也彷彿要迎合這句話般地一落千丈。

我憂心忡忡地找學生媽媽當面討論時，發現對方在過程中不斷說出「因為這孩子和我一樣真的不擅長讀書」，讓我錯愕不已。

媽媽的這句「真的不擅長讀書」不知不覺間烙印在孩子心裡，並形成了相應的現實。

這簡直就是詛咒對吧？

「反覆說出的話語會成為現實。」

反覆說出的話語會形成強烈的暗示，對人類的言行舉止、思維甚至是外表、氣質都會產生影響。

從這個角度來看，話語暗藏的或許就是真實的自己。

在教練學（Coaching）的領域中有個名詞叫做「自泌（autocrine，原指細胞的自分泌）」，意思是「聽到自己說出的話語後，對自己的內心產生影響」。

父母對孩子說話的同時，自己的耳朵與腦袋也會重新確認其自身的話語，因此當然說話者本人也會受到影響。

既然如此，反覆施加在孩子身上的負面話語，也會一字不漏地鑽入父母體內，於是在說話者本身毫無察覺的情況下，確實接收到了負面的訊息。

「大家都把你當笨蛋喔。」說出這句話時，孩子與你都會滿心不安。

「連這點小事都做不好嗎？」說出這句話時，孩子與你都會變得無能。

「你是壞孩子。」說出這句話時，孩子與你都會變成壞人。

親子一起墮落簡直就是一石二鳥的負面版。

首先請銘記「惡有惡報」，別再使用詛咒的話語了。

平日也應切記盡量別使用負面話語。

在停止詛咒的瞬間，詛咒就會解除了。

就連大人也……

快點去煮飯啦
啊～～好累
灰塵
你有沒有認真打掃啊～～
妳是不是都沒有跟其他媽媽打交道啊？
這不妙吧？
聽了真火大!!
砰～
顫抖
顫抖

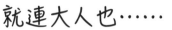

第二章

提升孩子自我肯定感的十大魔法金句

封印詛咒話語，改用魔法金句

光是戒掉負面用詞（詛咒話語），孩子的自我肯定感就能夠確實提升，但是要在短時間內改變儼然已成口頭禪的「習慣性負面用詞」，實在困難至極。

「強迫自己不講，反而變得更煩躁。」

「我明白您說的道理，但是總會忍不住脫口而出，讓人很沮喪……」

肯定有媽媽身陷如此煩惱，進而失去自信，甚至產生了罪惡感對吧？

這時請務必使用「充滿正能量的發言方式」。

我們人類無法同時聚焦於正面訊息與負面訊息，所以要在憤怒時笑出來、同時進行攻擊與防禦，或是在批評他人的同時信任對方等都難如登天。

所以將自己的意識專注於「笑」、「認同」、「信賴」這些正面要素上，負面的情緒自然會被抵銷掉。

說話與用字遣詞也一樣。

我們無法同時使用正面話語與負面話語，所以頻繁使用正面話語的話，負面話語冒出來的時機就會逐漸減少。

或是在不小心說出負面話語後補上正面話語，則有「使用正面話語來覆蓋負面話語」的效果。

因此若發生「今天太過苛責孩子了」、「又不小心使用詛咒話語了」等情況時，請不要自責或沮喪，只要在找到孩子的優點時（即使當下找不出來也沒關係），大方自然地對孩子大量說出正面話語，用令人聽了愉悅的表達方式蓋過去即可。

只要多使用正面用語，減少負面用語的登場機率，就能簡單又快速地提升孩子的自我肯定感。

第二章的〈提升孩子自我肯定感的十大魔法金句〉，就要告訴各位實踐魔法金句的方法。

提升「孩子才能」的魔法金句

練習對孩子表示認同

①好厲害

②真不愧是你

③很好耶

「這麼平凡的語句就是魔法金句？」相信很多人看到這三句都很失望吧。

接下來要介紹的**十大魔法金句**就以這三句為首，**每個都是簡短且經常聽到的「不起眼句子」**。

不像至理名言般令人印象深刻，也毫無驚喜感。

能夠喚醒孩子們的幹勁，促進反省並賦予勇氣的話語其實隨處可見，並不局限於心理訓練與教練學領域。

但是這些語句該在什麼時機登場呢？

「呃，這種時候該說些什麼呢？」我認為如果魔法金句讓人迷惘，導致沒辦法在關鍵時刻說出口，就稱不上是實用的金句。

不管是稱讚還是說教，身為父母總是難免長篇大論，但是說得太多就很難在孩子內心發揮作用。最後讓孩子銘記在心的，就不是父母滿懷熱情的言語，而是「說好久喔，我不想聽了」這種負面情緒。

但是語句簡短時就能夠激發孩子的想像力，開始思考積極行事的附加價值。

這是因為帶有正面意義的話語，能夠拓展孩子對正向發展的想像空間，並與話語中蘊含的「愉快」能量一起滲透至心靈深處。

任誰都可以隨時說出的簡短語句，能夠確實傳到孩子的心底，可以說具有絕佳效果，而這就是我所提倡的「魔法金句」。

這種「效果極佳的魔法金句」雖然簡單又好用，但是使用上仍有些注意事項和小技巧。

使用技巧①

使用魔法金句時要「輕快、開朗、自然」

如同「用稱讚培育孩子」這個教育理念，稱讚絕對不是壞事。

然而，我總是再三強調「請不要稱讚，而是徹底認同」。認同與稱讚的意義幾乎相同，但是請父母「多稱讚孩子」時，人們總是會過於誇張刻意。

孩子們看到這種不自然的稱讚態度，都會察覺得出是「彆腳的演技」。他們會看穿父母的言不由衷，進而產生反彈、不安甚至是失望等反效果，最後抗拒地認為：「煩死了。」

那麼該怎麼做才不會「看起來很刻意」呢？

技巧之一就是要說得輕巧。

用開朗且若無其事地態度認同孩子。

「認同」是一種不必刻意要求，任誰都能夠隨時表現出來的正面態度。少了強行偽裝的成分，孩子就比較容易感受到父母的真心。

此外「認同」對他人的刺激比「稱讚」小，因此也比較不容易感到厭煩，可以說是最適合提升孩子幹勁與自我肯定感的話語。

所以請務必活用「好厲害」、「真不愧是你」、「很好耶」這些簡潔有力的話語表現出認同。

這種認同方式少了壓迫感，會很溫和緩慢地進入孩子的內心，因此當然也不容易感到抗拒。在認同孩子時只要放輕鬆，身心與情緒都會變得柔和，這時所說出的話語也能夠毫無阻礙地進入孩子的內心深處。

最真實的自我受到父母與身邊的人認同時，孩子就能夠為了獲得更多人認同，秉持著愉快的心情繼續努力。

表達時要「輕快、開朗、自然」的技巧不僅限於這三大金句。

本書要介紹的「提升孩子自我肯定感的十大魔法金句」全都適用，這個技巧可以說是使用時最重要的注意事項，是幫助孩子理解父母心的奧義。

因此請不要卯起來稱讚孩子。

不要只是為了稱讚而稱讚。

使用技巧②

在成績方面不可以使用「好厲害」、「真不愧是你」

孩子考了一百分，這是身為父母盼望已久的成果，當然會想卯起來稱讚對吧？想好好稱讚這麼努力的孩子之餘，也藏有些許身為父母的小心機，希望透過稱讚讓孩子繼續努力，以追求下一個一百分對吧？

但是這裡要建議各位，請不要使用「好厲害」、「真不愧是你」或是「好了不起」等話語來稱讚孩子的成績表現。

這是大部分的人都會犯下的錯誤，需要特別注意。**在成績方面嚴禁使用「好厲害」、「真不愧是你」或是「好了不起」**。

為什麼不行？

聽到「好厲害」、「真不愧是你」的孩子當然會很高興，也會感到自豪吧？一時之間覺得心滿意足或是驕傲。

但是如果孩子下次考了七十分怎麼辦呢？你還能夠像考一百分時一樣由衷感到喜悅嗎？

「好厲害！七十分耶，真是太棒了！」即使試著稱讚看看，這種一眼就能夠看穿的謊言，在孩子身上理應起不了作用——因為父母並非真心認為孩子很厲害。皮笑肉不笑的背後藏著父母的真心話（＝失望、沮喪與擔憂），這些肯定都會被孩子視破，甚至這種稱讚聽在他們耳裡就像是在嘲諷一樣。

孩子的成績下滑時，大部分的媽媽是否都會產生下列這類的反應呢？

像是：

「哎呀，真可惜，下次要雪恥喔。」（安慰）

「你有認真讀書嗎？是不是準備得不夠？」（忠告）

或是：

「你真正的實力大概就在這個程度吧。」（嘲諷）

父母的反應會像這樣隨著成績起起伏伏，在劇烈的波動中搖擺。

如此一來，孩子就會隨著父母的心情動搖，認為：「我只有偶然考到一百分時才厲害，考不到時就很沒用。」

最終孩子會建立起「必須考到好成績才能夠獲得父母的愛」這種價值觀，日後的人生也會努力遵循父母的價值觀。

父母不能隨著成績起舞、動搖的原因就在於此。

這麼做只會讓孩子承擔不必要的壓力，認為：「下次也必須努力考到一百分才會被稱讚。」

壓力不是能夠成為努力的能量嗎？各位或許會這麼想，但是其實壓力有分好壞，通常會對讀書造成影響的都是負面的壓力。

讀書是不能努力的。毫無方向的努力，遲早會造成分數的下滑。讀書時若缺乏「想知道！想理解！」的好奇心就無法往前邁進，而能夠滿足好奇心的學習與練習，對孩子來說是會感到快樂、有趣且興味盎然的。因此在學習的世界裡完全不需要努力，只要是喜歡的事情、想做的事情，不需要努力也會自己不斷做下去。

必須努力的多半是遭強制去做的事情，或是不想做卻不得不做的事情。因此要求孩子努力讀書，只會造成多餘的負面壓力。

就算孩子真的拚命努力取得好成績，通常也只是暫時的，無法像主動學習一樣獲得成就感、充實感，也無法感受到學習本身所帶來的喜悅。

當然，看到孩子考一百分時，還是可以單純為孩子感到高興。

只是不要使用「你真了不起」這類表達方式（不要評論），只要說「我好開心」坦率表現心情，就是非常棒的反應。

在溝通學的世界裡稱為「我訊息（I Message）」，也就是以「我」為主語，將自己的感受傳達給對方。

看到母親用「我好開心」表現出單純的喜悅，孩子也會跟著開心吧？或許也會因此提高學習動力，認為：「希望下次也能夠讓媽媽這麼開心！」

使用技巧③

多用「很好耶！」回應成績上的表現

既然成績方面禁止使用「好厲害」、「真不愧是你」，那麼該怎麼稱讚努力讀書的孩子呢？

這裡登場的是：

③很好耶

我會對補習班的學生或自家孩子使用「很好耶」。

「什麼，考了滿分嗎？哦哦，這樣很好耶！」

「這樣啊，很好很好，真是太好了！」

像這樣爽快地表現出「我認同你的努力，看到這個成果我也很開心」之後，就瀟灑結束。

如果孩子下次考了七十分的話，就會將其視為單純的事實接受，說著：「這樣啊，這次考了七十分啊。」無論是一百分還是五十分，我的反應都會是「認同對方」。

「很好耶」這句話與其說是「稱讚」，不如該說「認同」的意味比較強，且用起來也相當輕巧。

誇張的稱讚話語會造成強烈的刺激，效果也會隨使用頻率而遞減，所以使用時必須特別留意。

但是廣義上屬於「稱讚話語」的「很好耶」，因為語句本身的性質輕巧，通用性也很高，所以能夠在包含讀書在內的各種場合頻繁使用。

這種輕巧氛圍正是「很好耶」這句話的最大魅力與效果。

持續聽到「很好耶（＝我認同你喔）」的孩子們，能夠感受到他人肯定並尊重自己的存在。

在讀書之外的場域
建構親子間的信賴關係

為什麼「真不愧是你」、「好厲害」不能用在讀書方面呢？

這邊再進一步說明吧。

一般「讀書」指的是在學校學習，也就是由老師教導的事物。

對孩子來說父母就是父母，絕對不會變成老師，但是大多數的家長都將自己當成老師。

所以會評論孩子的讀書狀況，甚至是下指示、出手指導，但是「父母將自己當成老師」**卻是造成親子關係不睦的最大原因**。

父母不是老師——只要能夠確實明白這一點，在孩子讀書方面開口稱讚或斥責的次數理應大幅減少。

畢竟讀書是必須經過反覆的錯誤與失敗，邊累積經驗邊前進的。分數考差是必然，犯錯也是必然。在抵達正解的路途中，反覆修正錯誤或改正失誤，如此一來分數和整體成績自然會慢慢提升。

唯有歷經夠多錯誤才能夠成長，不如該說，所謂的學習，就是沒經歷過錯誤就無法成長，但是父母每次發現錯誤與缺點時卻會指責「為什麼會錯？」「這裡這樣不行」，進而摧毀孩子成長的機會，使他們變得畏縮。

在讀書方面「指出缺點」是老師與講師等專業人士的領域。

不是教育專業人士就不要用斥責、糾正或是稱讚干涉讀書，這點非常重要。親子之間的信賴關係應在「讀書以外的場合」構築才行。

因此「好厲害」、「真不愧是你」等語句，請多在讀書以外的日常生活中使用，並且請刻意地多加使用。

陪孩子一起吃喝玩樂、聊天、運動，建立許多讀書以外的交流場合，打造出無可動搖的信賴關係。因為這種與讀書無關的場合，能夠讓信賴關係更加堅定。

孩子聽到父母的稱讚後，自然會培養出自信心，認為「我很厲害，我是有價值的人」。

在生活中自然培養出來的自信，終究也會讓孩子對讀書產生幹勁。

使用技巧④
成績以外的小事也要積極稱讚

不適合在成績方面使用的「好厲害」、「真不愧是你」這類稱讚語句，在日常生活中適用的時機是什麼呢？這邊簡單舉幾個例子。

● 學會在游泳時潛入水中

「咦？你可以潛進水中了嗎？好厲害。」

運動、繪畫、樂器演奏等都能夠輕易表現出孩子未來的可能性與才能，所以請誇張一點稱讚孩子也無妨，請努力讓孩子感到得意吧。「好開心！」「好有趣！」當孩子在擅長的領域能夠滿心歡喜時，其他領域勢必也會有所成長。

●孩子被任命為團體的隊長時

「好厲害喔」、「好帥喔！」、「看來你很可靠喔！」

不只是隊長，無論職責多麼小，都要認同孩子背負的責任，如此一來就有助於責任感、幹勁與領導風範萌芽。

●看電視猜謎節目時答出正解

「好厲害！你懂好多喔！」「你真聰明！」

「正確！」就連大人聽到這個也會感到很開心對吧？因此當孩子解開謎題的時候，就是絕佳的稱讚時機。請別錯失任何機會，盡情地稱讚孩子，讓他們從好的角度誤以為（？）自己「或許很聰明」、「或許是天才」吧。

●小黃瓜切片切得很漂亮時

「好厲害，切得比我還漂亮！」「你很有做菜天分喔！」

只要是孩子勇敢嘗試的事情，都請一律給予正面的評價。只要確實稱讚孩子的能力（技能），孩子自然能夠挖掘出自己的才能。

●抓到昆蟲後放生到戶外

「太帥了！」「你好溫柔喔！」

讚美孩子那毫無心機的貼心、溫柔與為他人著想的態度，傳遞出「你的優點我都看在眼裡」、「這讓我很開心喔」的訊息。因為溫柔的表現獲得稱讚時，孩子自然會長成溫柔的孩子；因為聰明的表現獲得稱讚時，孩子自然也會長成聰明的孩子——帶有正面意義的話語，效果就是這麼棒。

交到很多朋友

「你很有社交手腕喔！」「真羨慕。」「這是好事。」

稱讚孩子擁有高度溝通能力、受到許多人喜愛等人格魅力，能夠大幅增加孩子的自信。綜觀整個人生，豐富的人脈也是重要的資產，因此請讓孩子明白這也是一種才能吧。

專注於手機遊戲時

「你好會玩！真厲害，速度好快喔！你的指法到底是怎麼一回事啊？」

這裡請不要用帶有嘲諷與受不了的語氣，而是單純稱讚孩子的技巧。這裡稱讚孩子的用意是為了透過滿足心靈，促進孩子的上進心（如果是沉迷於電動的孩子，則請參照第143頁）。

其他還有許多「能夠稱讚孩子的場景」，例如：

- **比手腕很厲害**
- **擅長與貓狗相處**
- **擅長垃圾分類**
- **模仿電視習得自然的英文發音**
- **不挑食**
- **擅長模仿**
- **打得開關很緊的瓶子**

諸如此類，仔細觀察就能夠找到許多。

生活上各種不起眼的事情、無聊小事等其實正是絕佳的「稱讚重點」。自家孩子的優點是什麼？擅長什麼樣的事情呢？從這個角度去看待孩子時，會發現孩子的「長處」與「潛能」其實在日常中隨處可見。

「稱讚這個有用嗎？」或許盡是些令人不禁感到疑惑的小事，但是正是這種小事更應盡量稱讚。

我幾乎對所有來找我諮詢的家長，都表示在讀書以外的各方面「應該要盡量當孩子最死忠的支持者」、「努力稱讚至孩子屁股會翹起來的程度」。

因為只要是孩子能夠開心去做的事情、願意努力嘗試的事情，無論多麼不起眼都與「才能」息息相關。

因為稱讚而獲得心靈上的滿足（＝自我肯定感很高）的孩子，即使面對「討厭的事物」也不會太過抗拒。無論是與他人的關係、每天發生的事情還是讀書，心靈上獲得滿足的孩子都更有「寬容」的餘裕，最終還會產生正面的連鎖效應讓成績提升。

父母在孩子考很好的時候盡情稱讚，其實暗藏著希望孩子下次考更好的心願對吧？但是這份心願在育兒過程中並非樣樣行得通。

在孩子學會爬樹時給予讚賞又無助於偏差值的提升，一點好處也沒有吧——或許大多數的人如此認為，但是正因為「一點好處也沒有」，才使得對孩子的稱讚中不會摻雜任何欲望或心機，有的是單純的「認同」與「肯定」。

這種毫無意義的「好厲害！」對提升自我肯定感的效果更高，也對孩子的心靈發展更有益。

放大微不足道的小事盡情稱讚，孩子的成績就逐漸變好……這正是育兒過程中會遇到的其中一個奇妙真理。

讓孩子「感到滿足」的魔法金句

練習對孩子表達感謝

④謝謝

⑤我很開心

⑥你幫了我大忙

這三句話是用來表達「情感」的，能夠讓孩子明白自己的感謝之意與喜悅，與「好優秀、好聰明、好厲害、好了不起」這類稱讚話語或評價截然不同。

但是對孩子來說，「獲得父母的感謝」時心靈上感受到的滿足，足以媲美「獲得父母好評（被稱讚）」。

孩子覺得自己「幫上他人的忙」、「有所貢獻」時，能夠實際體認到自己是有存在必要的人。

因此聽到父母說「謝謝」、「我好開心」、「幫上大忙了」的時候，就能夠體驗到為他人帶來喜悅時的快樂。

當孩子幫忙或是順利完成他人交辦的事務，以及表現出體貼行為時，請務必運用這三句感謝的魔法金句。

不要覺得「當著其他人的面很難說出口」，或是想著「事後再好好表達」。感謝必須當場表達出來才行。

教育領域很重視「教出會道謝的孩子」，但是在這之前必須先有「會道謝的父母」。

例如：「可以幫我拿報紙過來嗎？」、「可以幫我澆花嗎？」、「請幫我把草莓分裝到盤子上。」、「幫我拿浴巾去給爸爸。」、「宅配先生來了，可以幫我取貨嗎？」等等。

請委託孩子協助生活上的各種小事。

委託時不要用高高在上的命令語氣，應使用「我需要你幫忙」、「幫我一下」這種請求的態度。如此一來，能夠說出感謝話語的機會理應能夠大幅增加。

各位不僅要留意「只要有機會就必須表達感謝」，也請務必積極打造能夠對孩子說「謝謝」的場景。

使用技巧⑤

由衷表達「謝謝」

「謝謝」的日文源自於佛教用語，原意是「很難擁有」、「難能可貴」。

也就是說「謝謝」這句話蘊含著「獲得珍貴事物」的意思，可以說是以寶貴的感謝之情為基礎。

佛教似乎有句教諭表示：「人類只要擁有這兩者，就勢必迎來幸福人生。」

那麼這兩者是哪兩者呢？健康？愛情？財產？才能？還是名聲呢？即使對佛

教不太有興趣，依然會很好奇答案是什麼。

事實上，讓人必然迎來幸福人生的正是「感謝」與「歡喜」。

歡喜，意指快樂、喜悅；感謝，則是對其他人滿懷謝意的心情。

由此可見，「謝謝」一詞其實是人生幸福所不可或缺的有力話語，所以請滿懷心意地去說吧。

在深夜的速食餐廳等容易聽到的公式化「謝謝」，以及只是看場合使用的「謝謝」都無法打動人心，是因為沒有「用心」去說的關係吧？

儘管如此，「謝謝」這句話本身就含有相當正向的能量。

這股能量會筆直地撞進對方心裡，所以請飽含心意地說出「謝謝」。

此外除了孩子順利完成任務之外，只要表現出幹勁或是嘗試精神，都別忘了表達出感謝之意。

孩子幫忙端茶卻不小心灑了出來；孩子幫忙收下來的衣服其實還未全乾……即使遇到這類情況也別只看結果，請試著感謝孩子願意去做的心意吧。

請打從心底向孩子說聲「謝謝」。

使用技巧⑥
疊加使用會更有效

近來愈來愈容易在街上（超市或餐廳等）看到媽媽對幼兒說「謝謝」的場景，讓我體會到這種正面的話語原來已經深入日本社會了。特別留意說「謝謝」的家庭比我預期的還要多，說者與聽者似乎也愈來愈習慣這樣的相處模式，這是相當好的現象。

但是大家多半說完「謝謝」就結束了，我想建議各位試著使用組合技。例如請孩子去拔掉浴缸的栓塞時，平常可能說聲「謝謝」就結束了，此時可以再加句

「幫上了忙」，完整的表達方式即為「謝謝你幫我的忙」。

如此一來，孩子就能夠透過字面上所表達的一樣，產生「我正在協助別人，我派上用場了」的強烈自我意識。對他人做出貢獻的喜悅，能夠增加孩子幫助他人並且想派上用場的動力。

看到孩子主動收碗時不要只說「謝謝」，請再加一句「我好開心」吧。「你幫我收碗了嗎？謝謝你，我好開心。」只要像這樣輕鬆地說出口即可。

成年人若不是遇到真的很開心的事情，根本不會說出「我好開心」。剛開始或許會因為害羞或難為情而有些難啟齒，但是「我好開心」這句話能夠讓說者與聽者都很單純地感到開心。

人類的耳朵很容易接受這類正面話語，所以即使剛開始覺得不自在，相信仍可很快就習慣的。

相較於只說「謝謝」，將幾個感謝的話語搭配在一起，像是「謝謝你，我好開心」、「謝謝你，真是幫了我大忙」的效果會倍增，所以請藉此幫助孩子深切感受到取悅他人後的愉快吧。

使用技巧⑦

「我好開心」可以用來稱讚孩子的溫柔與勇氣

「我好開心」這句話的稱讚效果，有時候會比「了不起！」與「好厲害！」更加出色。

假設孩子在電車裡讓座給老年人了。

這時與其稱讚孩子「了不起」或是「做了件好事」，不如試著用「我訊息」的方式表達「我很開心喔」。

有些孩子被稱讚「了不起！」的時候會感到害羞，但是用「我很開心喔」坦率表達出自己的欣慰，有助於引導孩子思考「媽媽開心的理由」，進而拓寬正向的想像力，並感到自豪。

透過小小的善行取悅母親，對孩子來說驚喜程度有如忽然獲得勳章一樣。如此一來，就能夠給予孩子更多「喜悅」與「充實感」。

接著再小聲補充「很少人能夠像你這樣喔」的話效果也很好。「自己實現了很少人做得出來的事情」，會讓孩子認為「自己是難能可貴的」，進而學會抬頭挺胸過日子。這樣的孩子能夠逐漸挖掘出自己的價值，習得勇氣、溫柔與自信。

心靈需求獲得滿足的孩子，內心會變得堅強健全，即使不擅長運動或是有其他學不好的科目，也不會鬧脾氣或是變得偏激。

培育孩子「自尊心」的魔法金句

練習表達心中對孩子的佩服

⑦原來如此

⑧我都不知道

大人之間的對話經常出現，但是卻不會對小孩使用的語句……各位想得出來是哪些嗎？

那就是「附和」。

配合對方說話節奏點頭、說著「嗯嗯，沒錯沒錯，原來如此」的那個「附和」。

附和就像一種暗號，是在告訴對方「我有認真聽你說話，接收你話中訊息」。

而「原來如此」與「我都不知道」這兩個表達佩服的魔法金句，其實也稱得上是「附和」的一種。

即使沒有打從心底認為「原來如此」，大人之間仍會藉這些語句附和他人，或許可以稱為大人的社交必備用語。

但是親子的日常對話中幾乎不會頻繁地附和對方，或是在認真聽完之後說聲「原來如此」對吧？

因為親子是種上下關係，父母並未將孩子視為平等的說話對象。

或許「完全不認為能夠從孩子的話語中學到什麼」，也是父母的真心話吧？

廚房突然冒出了沒看過的昆蟲，結果孩子認真向你說明：「媽媽，那是姬圓鰹節蟲喔」這時恐怕很少有媽媽會表現得佩服：「原來如此！我都不知道！」

將「原來如此」與「我都不知道」這種**在大人世界中理所當然使用的話語，用在與孩子的對話中，能夠幫助孩子意識到父母將自己當成獨立的人類平等對待，也會逐漸發現自己長大了。**

尤其是知道了父母所不知道的事情，會讓孩子產生優越感，並且直接造成自我肯定感的提升。所以請務必大量使用，幫助孩子獲得這些情感吧。

因此建議各位父母，請積極打造讓孩子對自己說明事物的機會。

「這是什麼呢？」、「現在是什麼狀況？」無論是遊戲、漫畫還是玩具都可以，請儘管向孩子提問吧。**對這些大人所不熟知的世界表現出有興趣，正是「孩子的成長計畫」第一步。**

使用技巧⑧

一定要遵守「晚一點再聽你說」

教練學領域中有種溝通方法叫做「傾聽」，也就是單純聆聽他人說話。一旦對方盡情吐露想說的話，內心就會愈來愈滿足，最終將會精神抖擻並湧現幹勁。

如果能夠一直好好堅持「傾聽」孩子說的話那當然很棒，但是要忙碌的父母每次聽到「我跟你說喔～」都耐心回應，簡直是強人所難。

人們通常會向孩子道歉：「抱歉，我現在很忙沒辦法聽你說，晚一點再聽喔！」藉此讓孩子知道自己有事情在處理，無法陪他說話。

然而接下來才是重點。那就是一定要遵守約定，既然約好晚一點要聽孩子說，就請務必在晚一點時認真傾聽。因為孩子肯定會牢記這項約定。

「算了！」、「剛才想跟你說的時候你不聽……」、「我已經忘記了。」此時，即使事後孩子鬧彆扭拒絕，也不要感到煩躁或是失望。

記住與孩子的約定並遵守極其重要。

就算只是小小的口頭約定，**只要違背了與孩子的約定，孩子就會認為「爸媽不在意我說的話」＝「爸媽不在意我」，結果別說自我肯定感了，反而還產生了自我否定感**。

各位媽媽是否也曾像這樣忘記了和孩子的小小約定呢？

使用技巧⑨

試著和孩子像朋友一樣對話

要讓「原來如此」、「我都不知道」這種佩服的魔法金句順利發揮效果，就必須用在大人所不熟知的領域。

例如最新的遊戲資訊、足球選手或搞笑藝人相關資訊、昆蟲或動物圖鑑等小知識、剛從學校習得的各地歷史遺跡、遊樂園的設施、從電視節目看到的美味半熟蛋作法、真人化電影的人氣原作漫畫等。

雖然孩子們的人生經驗不比大人，但是對於一些大人不熟知的特定領域、長大後忘記的事情等卻了解得非常詳盡。

所以請試著藉由「原來如此」、「我都不知道」、「你真懂！」、「好有趣」等話語用心附和孩子，花點時間傾聽孩子說的話吧。

各位會發現孩子能夠告訴我們的資訊，比想像中更豐富、即時且正確喔。

以前曾有媽媽對此感到擔心：「把孩子當成大人對待，用朋友般的態度相處真的好嗎？這樣能夠建立起適當的親子關係嗎？」原來如此，看來也有這樣的意見與擔憂呢。

但是在擔心之前請嘗試一次「親子間如朋友般的對話」吧。

無論父母多麼留意打造「對等關係」，親子終究是親子，一定會有上下關係，根本不可能顛覆。

親子之間不可能會有真正的對等關係，無論親子關係是好是壞，彼此之間在生理上、心理上與社會上都具備上下關係。

因此只要認真傾聽孩子說的話即可。試著刻意打破彼此間的上下關係，與孩子站在同一個高度對話吧。

從對話中獲得對等地位的孩子會信賴父母，如此一來，就能夠建立起更深入的親子交流。

孩子絕對不會因此輕視父母，請儘管放心。

總是麻煩你了
謝謝你今天也幫我一起倒垃圾
不會不會，小事一樁
可燃垃圾

讓孩子「心靈更堅強」的魔法金句

練習用話語賦予孩子安心感

⑨沒問題

各位聽過「你擔心的事情有90％都不會發生」這句話嗎？

美國密西根大學研究出的機率是96％，實業家兼自我啟發書籍作家厄爾南丁格爾（Earl Nightingale）聲稱為92％，曹洞宗僧侶兼作家枡野俊明則表示「你擔心的事情有90％都不會發生」（引用自著作《你所煩惱的事，有九成都不會發生》）。

事實上，**我們擔心的事情大部分都只是偏見、誤會與妄想，有九成都不過是杞人憂天罷了**。整天花時間擔心一些沒必要的事情，猶如等著不幸到來。

儘管如此，聽到「你擔心的事情有九成都不會發生」這句話時，立刻就想著「原來如此」而放心的人應該很少，再加上搖擺不安的內心是很難平靜下來的。所以必須由旁人告訴我們「沒問題」，讓內心安定下來才行。

「沒問題」這句話能夠幫助我們意識到「這只是自尋煩惱」、「杞人憂天罷了」、「擔心也沒意義」。

孩子的人生才展開沒多久，內心不安的程度理應相當於內心的希望與憧憬。

畢竟無論是挑戰與經歷，以及所見所聞，對孩子來說都是人生初體驗，會不安也是理所當然的。

而「沒問題」這句話，能夠悄悄地澆熄面對未知事物時的恐懼、不安與焦躁等負面情緒。

「沒問題」同時也是這十句魔法金句中，唯一無可替代、獨一無二的一句。

使用技巧⑩

「沒問題」前面勿加「一定」或「絕對」

在使用「沒問題」這句話時，一定要搭配輕鬆的態度。

有些人認為孩子滿面愁容時，用「你一定沒問題」這麼強烈的語氣，等同於對孩子的內心下達暗示，有助於抬升孩子的氣勢，但是其實只會造成反效果。

用太過嚴肅的情緒說出「沒問題」的時候，孩子反而會更加不安：「爸媽很努力要鼓勵我呢……實際情況似乎真的很糟糕。」所以這時請面帶笑容，輕巧地說一句「這種事情沒問題的啦」帶過即可。

這句話與認同用語「很好耶」一樣，必須搭配輕鬆開朗的氛圍，才能夠傳遞出話語的本質。因為孩子會認為「對方是真心覺得沒什麼大不了，所以應該沒問題的」，如此一來，鼓勵的本意才能夠真正傳到孩子心底。

此外「絕對」與「一定」同樣都是「推測的修飾用詞」，所以都不可以用來搭配「沒問題」。

考試、體育比賽或鋼琴發表會等前夕，用「一定會順利的」、「一定沒問題的」等鼓勵孩子時，孩子可能會認為「並非百分之百沒問題，所以也有可能失敗」，如此一來可能反而表現失常。在鼓勵話語前面加上「一定」的瞬間，就會讓孩子反而著眼於「不順利」這種負面的可能性。

「絕對」所表現出的「努力感」太重，加上「一定」的話則反而暗示了失敗的可能性。

當補習班的學生遇到難解的題目，並且表示「我解不開這麼難的問題」時，我一定會用輕鬆的語氣反覆使用「沒問題」與「簡單」，回答道：「沒問題、沒問題，這個很簡單啦。」

我的輕鬆語氣能夠醞釀出「搞不好真的很簡單」的氣氛，如此一來，孩子就會專注嘗試解開問題了。

像這樣引導孩子產生「好的誤解」、「好的錯覺」，正是魔法金句的真髓。

此外「沒問題」這句話除了能夠在背後推孩子一把，幫助他們勇敢做出更多挑戰之外，還能夠讓孩子透過多次的失敗經驗明白「失敗並不可怕，不是什麼嚴重的事情」。

有過「失敗了也沒問題」這種「沒問題的經驗」，孩子自然會萌生勇於挑戰的精神與樂觀的處事態度。

使用技巧⑪

不要在特別重要的場合前使用「沒問題」

如果是入學考或發表會等正式上場的情況，請勿在事前對孩子說「沒問題」。

「沒問題、沒問題，船到橋頭自然直，別擔心。」如果能夠像這樣用開朗輕柔的語氣鼓勵孩子的話當然是最好的，但是比孩子更焦慮的父母卻大有人在。

結果為了撫平自己的不安，帶著悲壯情緒握住孩子的手說道：「沒問題的！你絕對能夠考上！」「想想看你練習多久了，都已經做到這個地步，你肯定沒問題的！」結果反而增加了孩子的心理壓力。

聽到父母如此肯定的孩子，會將自己的內心逼到走投無路——

「如果沒有這麼絕對怎麼辦？」

「如果都已經練習了還表現不好怎麼辦？」

「失敗的話媽媽會很失望……」

因此不要為了讓孩子安心而硬要激勵孩子。

順道一提，眼看正式上場的日子就要到來，該做的其實與施加壓力相反，那就是放鬆身心。簡單來說，就是陪孩子玩吧。

帶孩子去吃美食、一起去逛水族館或動物園、一起打電動、一起去唱卡拉OK、去商店街逛逛等，要做什麼都可以。

也就是說，要試著將孩子當前的情緒（不安）扭轉至相反的方向，使孩子能夠放鬆心情。

如此一來，孩子比較容易在正式上場時發揮真正的實力。

話說回來，在日常生活中使用「沒問題」這句話時，孩子的內心則能夠感受到「爸媽守護著我與我的世界」，有助於增添安全感。

親子雙方在日常生活都應該用「沒問題」放下心中過多的不安因子，調整出樂觀的心態，才能夠在關鍵時刻發揮實力。而這就稱為平常心。

使用技巧⑫

養成也對自己說「沒問題」的習慣

對於背負著親子溝通課題的父母來說，「沒問題」也是很好的訓練。

大人也會抱持著各式各樣的煩惱，不如該說人生經驗比孩子多的父母，煩惱與擔憂的事情都比孩子更加難解。

因此十大魔法金句並非孩子們專用，對大人其實也很有效。其中對大人來說最為必要的就是這句「沒問題」。

其實我平常就三不五時會使用這句話。

我發現自己無論是在家中、工作時還是出遊時，常常回過神就發現自己總是說著「很好耶」與「沒問題」。

再舉個例子，補習班裡肯定會有學生在遇到難度稍高的應用題時立刻打退堂鼓：「這題應用題好難，我不會寫，我辦不到。」

這時我會連說好幾次「沒問題」並搭配少許的建議：「沒問題的，這個很簡單，你仔細看清楚，只要稍微把文章分段就會發現內容其實很簡單，沒問題的。」

孩子們常常看到題目就下意識認為：「完了，好複雜，看起來好難。」但其實都是一些冷靜解析後就會發現沒那麼難的題目（確實也會有很難解的問題，這時我會告訴孩子：「這題很難，現在不會沒關係。」然後就先跳過）。

這種情況不局限於考試，世界上大多數的事情都「沒有想像中困難」、「其實沒什麼大不了」。

或許只是我們擅自把問題想得很困難、深奧罷了。世界上所有現象都是中立的，沒有好壞也稱不上困難或簡單。最重要的是自己如何看待而已。也就是說事情是否為難關，全取決於自己的想法。

如果父母總是對孩子表現出「考試時答不出來就完蛋了」、「人生充滿了困境」等想法，就會煽動孩子的不安。

所以請父母先對自己說聲「沒問題」，反覆訓練自己放下先入為主的偏見所造成的不安吧。

不可思議的是，只要經常說著「沒問題」，大家都會真的沒問題。

各位或許會認為這只是騙小孩的說法，但是其實「沒問題」是連大人都能夠騙得過的獨特話語。

#「觸動孩子心靈」的魔法金句

練習用引導的話語糾正孩子

⑩這不像你

雖然魔法金句以認同、感謝、佩服、賦予安全感等具正面意義的語句為主，但是其中有唯一一句沒那麼正面的語句，就是「這不像你」。

孩子表現出打罵等不妥行為時，我會用這句話糾正孩子。那麼為什麼「這不像你」有助於提升孩子的自我肯定感呢？

因為唯有認同孩子原本的樣貌，才會說出「這不像你」這句話。

現在這個做出不妥行為的你有點奇怪，但是我明白這不是真正的你——「這不像你」傳達出的就是如此意義，因此既非否定也非拒絕，而是一種接受。

只要知道父母願意包容自己，孩子的自我肯定感就會提升而非下降。

愈是認真育兒的家長，就愈重視「必須讓孩子明白為人之道」、「必須糾正孩子的錯誤」，結果對孩子的管教就愈來愈嚴格。

但是**反覆聽到父母的強烈指責，或是毫不留情的否定話語時，孩子的內心會留下深刻的傷痕，甚至可能導致「我說不定是壞人」這種無謂的罪惡感**。

相較於大聲吼出「不行」、「不可以」、「壞孩子」、「你下次再這樣的話，我可不會放過你」、「差勁」等，不如冷靜說著「這不像你」反而更能觸動孩子的心靈，有助於引導孩子真誠改過。

使用技巧⑬

「這不像你」只要語重心長地說一次就好

・兄弟姊妹吵架吵得太誇張
・暴怒地摔東西洩憤
・口吐惡言
・說朋友與老師的壞話、故意搗蛋
・不遵守約定好的事情（過了約定時間仍在打電動等）

孩子做出反常的負面行為時，請用「真不像○○」的方式制止孩子吧。

聽到「這不像你」的孩子會接收到「做出這種事情的你，與平常的你不同」，進而恢復理智。提醒孩子時請注意不要提高音量，而是使用冷靜嚴肅的語氣。

- **考試成績很差而表現得很沮喪或是遷怒他人**
- **反常地不肯做功課**
- **沒有交出應交的東西**
- **蹺掉補習班或練習**

孩子出現這些情況時，則以較輕柔的語氣說聲「這不像你」吧。

使用「這不像你」的時候，請勿搭配「怎麼了？」或「為什麼要這樣？」等話語。「怎麼了？這表現真不像你」、「這樣真不像你，為什麼要這樣？」在這句話登場的時候，或許會不由自主搭配疑問句。但是孩子被追問「為什麼？」的時候，往往會封閉自己的心靈。

「這樣的表現很不像你耶！」只要用簡單一句話，明快地表達出自己的意思即可。

短促的句子更易迴響於腦中，孩子也會開始思考：「為什麼說這樣的表現不像我？」如此一來，就會學著檢視自己的內在。

等孩子平靜下來，激動的情緒冷卻後，再仔細詢問「怎麼了」吧。這時或許孩子會願意說出擔心的事情、壓力來源等。

孩子也會有叛逆的一面，所以聽到「這不像你」的時候，也可能表現出反抗的態度：「你在說什麼啊？我就是這個樣子！」但是別擔心，各位的愛肯定會傳到孩子內心的。

我家孩子好棒♡

第三章

媽媽們的困擾諮商室

本章是透過我在媽媽學習會、部落格和講座的分享得知並開始實踐「魔法金句」以及接下來準備嘗試的媽媽們的問答集。

家家有本難念的經，或許裡面會有看似與各位毫不相關、完全不符合狀況的問題。

但是即使是乍看與自己毫無關係的問答，其實從這些具體案例也有助於看出「魔法金句」使用方法與效能，相信各位肯定能找到值得參考之處。

因此本章每個煩惱與疑問，理應都「與各位的家庭息息相關」，請務必閱讀。

接下來就開始進入「困擾諮商室」的精選問答，一起讓「魔法金句」變得更容易實踐吧。

Q1

約好要幫忙做家事，卻當作沒有這回事

我是小學四年級男生的媽媽，我們約定好兒子要負責遛狗與清貓砂，但是兒子卻用「今天很累，辦不到」或是「好麻煩」而直接逃避。結果我最終因為看不下去只好接手，也不由得提高了音量：「不遵守約定的行為太糟糕了！」「太懶惰了！」這也算是詛咒的話語嗎？我覺得這應該算是教養所必需的「提醒」吧。

（化名・川上）

A 讓孩子從有興趣的領域開始幫忙

我想這個孩子應該是「願意做喜歡的事情，但是無法接受討厭的事情」。因此請不要強迫孩子去做討厭或不擅長的事情。先打聽孩子的興趣與喜好，然後找相關的事情請孩子幫忙。聽到這番話，各位或許會認為「這只是在迎合孩子而已吧？」實際上並非如此。因為懂得閱讀孩子內心的動向相當重要。

參與有興趣的事情能夠幫助孩子增加自信，行事變得游刃有餘，看待事物自然會更寬容，漸漸地就算看到不擅長或討厭的事情，也會產生「嘗試一下也無妨」的心態。

這邊所謂有興趣的事情不局限於幫忙，其他像是學習或練習之類任何事情也都可以，事實上這才是最快的捷徑。

至於「不遵守約定真是太糟糕了、太懶惰了」是否算是詛咒的話語呢？當然，百分之百是詛咒的話語。

即使父母是秉持著教育的心態，只要話語中含有負面情緒，就會化為詛咒傳進孩子的耳裡。實在難以減少詛咒話語的登場次數時，就請多加強使用「很好耶、謝謝、我好開心、幫了我大忙、原來如此」等魔法金句吧。

另外也推薦各位試試本人推廣的「兒童手帳」，用法相當簡單，無論選購我所設計的《孩子的第一本手帳》（はじめての子ども手帳，Discover 21）或市售手帳都沒問題，請各位先幫孩子準備一本吧。

①請孩子自行將當天（或是當週）的待辦事項記在手帳裡
②每完成一項就讓孩子用紅筆劃掉
③依事項的類型與輕重決定好個別所值的點數
④每週（或是每天）計算點數後可換取禮物

只要遵守這四個程序，並且事前決定好禮物即可。無論是喜歡的零食、玩具，或者是像「一點換一日圓」這種兌換現金的方式都沒問題。

這種手帳活用法看似單純，卻擁有令人驚豔的效果。因為孩子們「和大人一樣用有自己的手帳會感到開心」、「用紅筆消除待辦事項時會覺得很舒暢」，此外不僅「換算點數時的成就感」有助於提升動力，「完成自己決定的事項」還能夠帶來樂趣與充實感。

「自從孩子擁有手帳後，就養成了自己決定待辦事項並主動去做的自主性！」

許多媽媽體驗後都表達了如此感想。

兒童手帳可以說是幫助孩子提升自我肯定感的最佳工具，請各位務必嘗試（細節請參考拙作《讓孩子變主動的「魔法手帳術」》）。

Q2

不管是否耳提面命，孩子就是不肯讀書

我聽兒子同學的媽媽說自家孩子不需要父母叮嚀就會自動自發地讀書，但是我家孩子（國中一年級的男孩子）無論我念多少次都完全不肯讀書。我想說「不念的話說不定就開始讀了」，所以就仿效那位媽媽好友從旁默默觀察，結果別說孩子根本沒有要讀書的徵兆，甚至花更多時間在看喜歡的書籍與漫畫。究竟孩子為什麼會出現這麼不合理的個性差異呢？

（化名・白鳥）

A 看懂孩子的類型，選擇相應的策略

這邊將孩子概分為兩種類型。
一種是「多工型」，一種是「單工型」。

首先「多工型」孩子的特徵是：

- **凡事都能夠以聰明合理的方式完成**
- **對「做法」或「方法論」有興趣**
- **專注力不高但是會注意到周遭狀況，能夠解讀他人的情緒與氛圍**
- **判斷事物的基本價值觀為「是否有好處」**

另一種「單工型」孩子的特徵是：

- **凡事都依自己的步調進行**

- **會貫徹喜歡的事情，完全不碰討厭的事情**
- **專注力很高，但是不會注意到周遭情況，通常不會察言觀色**
- **往往無法實現井然有序（但是孩子若剛好對整理、彙整有興趣時就不在此限）**

這兩種類型的特徵當然會持續到長大，與社會上常講的通才與專才相當類似。而他們會面臨的親子關係，則會形成下列四種組合。

● 多工型父母×單工型孩子

「父母是多工型」且「孩子是單工型」時，會因為彼此價值觀差異太大，導致孩子被罵後仍搞不懂狀況：「媽媽為什麼會生氣？是說今天的妝好濃喔……」於是親子就像這樣各自想著截然不同的事情，母親也會懊惱不已：「孩子腦袋裡到底裝了些什麼？」因此可以說是問題多多的組合。

親子是這種組合時，無論父母多麼努力要求孩子讀書，孩子都會繼續專注於想做的事情。即使父母表示：「現在讀書對未來是有益的，所以快點讀書！（以是否有好處為基準）」孩子也會認為：「不要，我不喜歡讀書所以不想讀。（以好惡為基準）」也就是說，親子之間使用了不同的價值觀基準，頻率根本對不上。或許白鳥太太和孩子就屬於這種組合？

要讓單工型孩子開始讀書，就必須先從喜好下手，藉此讓孩子心靈感到滿足後，再慢慢拓展至其他領域。對這種以好惡為基準的孩子來說「自己的喜好＝入口」，無論興趣是運動、音樂還是勞作都符合這個邏輯。所以發現孩子熱中於什麼事情時，就先放任孩子盡情去做，藉此培養出自信之後，自信就會成為突破瓶頸的關鍵，當孩子逐漸願意接觸其他領域（＝讀書），成績也會慢慢提升。

接下來也簡單介紹一下其他組合吧。真要認真說明的話，恐怕得另外出一本書才行，所以這邊請先容我稍微介紹就好。

● 單工型父母×多工型孩子

「父母是單工型」且「孩子是多工型」的時候，往往會產生「我行我素的媽媽與認真可靠的孩子」這種組合，因此具有父母什麼也沒要求，孩子就主動開始讀書的傾向，當然父母也比較不嘮叨，也會說著：「我從來沒有要求他去讀書，結果小孩就主動去讀書了～」

而問題裡提到的那位「不必叮嚀，孩子就會自動自發讀書」的媽媽好友與她的孩子，或許就屬於這個組合。

多工型父母×多工型孩子

「親子都屬於多工型」的時候，只要父母能夠確實指導孩子讀書的方法、事物的運作模式，孩子就會培養出看穿事物本質的能力，也會從身處環境挖掘許多問題並思考應對方法，甚至願意實際行動。無論是打招呼還是整理環境，只要有人告訴他們方法，他們就會確實辦到。這類孩子一旦理解打招呼與整理環境的「好處」，通常就能自然學會。但是父母用過度追求效率的方法管理孩子時，孩子可能會一時受不了而突然反抗。

單工型父母×單工型孩子

「親子都屬於單工型」的時候，一旦彼此感興趣的事物屬於相同的領域，孩子在該領域的技能就有很大的機會能夠大幅成長。但是當彼此興趣不同的時候，則可能引發衝突或爭執。此時，只要父母在教育孩子時能夠先有「彼此價值觀不同很正常」的認知，並且就事論事，孩子就會有相當大的成長空間。

以上並沒有哪個組合較好、哪個組合較差的問題，最重要的是仔細觀察自家狀況，確認孩子是哪種類型？自己又屬於哪種類型？當然，試圖逼孩子變得與自己相同就太不近人情了，所以請各位明白「自己與孩子是獨立個體」這項事實，和孩子保持適當的距離，秉持著樂觀態度守候孩子的成長吧。

這種守候的態度既是對孩子的尊重，也是建立良好親子關係的核心。

Q3

孩子主動表示要參加入學考，卻不肯好好讀書

我的兒子今年小學五年級，由於他主動表示要參加入學考，所以我決定尊重孩子的意願，儘管起跑得比其他人晚了，還是讓他報名補習班。然而兒子只有前三個月認真補習，現在偶爾會偷偷翹課，讓補習班打電話來詢問：「今天怎麼沒有來？發生什麼事情了嗎？」而且成績也完全沒有進步，我懷疑是因為好朋友們都有去補習，孩子為了避免落單才說要參加考試。「這樣很浪費錢，不要再報名了吧。」但是當我如此提議時，孩子又會口頭上說著「我明天開始會乖乖去補習，也一定會認真讀書」，我到底該怎麼辦才好呢？

（化名・小坂部）

A 首先請針對考試動機來場「親子問答」吧

首先請和孩子促膝長談，讓孩子親口說出去補習的目的吧。這時請各位家長避免插嘴，最重要的是讓孩子親自說出口，所以父母只要傾聽即可。相信大部分的孩子都會表示「我是去讀書的」對吧？

父母：「那你讀書是為了什麼？」

孩子：「為了參加國中的入學考。」

父母：「那你為了準備入學考而讀書，有什麼目的呢？」

孩子：「因為希望考上。」

像這樣反覆提出「為什麼」型的問題吧。

父母：「那你現在翹課又是為了什麼呢？」

再像這樣讓孩子體認到當下狀況後……

父母：「以後打算怎麼辦？」

請務必將判斷權交給孩子，如果得到的回答是……

孩子：「我想繼續補習。」

那就請繼續詢問

父母：「既然如此，以後再翹課或是不讀書的話，你要怎麼辦呢？」

同樣的，這裡也請交給孩子判斷吧，父母只要貫徹提問的角色即可。千萬不能還沒等孩子回答就擅自作主，或是表達「這種想法真是太奇怪了」等意見。這時請仔細聆聽孩子的想法吧。

如果已經嘗試過這種親子問答，孩子還是繼續翹課的話，就請按照討論好的結果立刻退出補習班。父母落實孩子自己做出的決定，是家庭教育的基本。

至於參加國中入學考的動機，個人覺得無論是什麼都不重要。事實上在這裡長篇大論的我，也曾經有過相當不純（？）的動機，那就是因為印有學校名稱字首的書包很帥，所以為了書包決定報考。就算動機不純，這件事情仍提升了我讀書的幹勁。

事實上我曾問過主動參加國中入學考的孩子們報考動機，結果往往都是「覺得為了備考去補習很帥」這種自我滿足型的理由。

當孩子們的目標是「實現為了備考而去補習」，所以只要成功報名補習班後目的就達成了，沒有動力讀書也是理所當然。因此孩子補習後成績沒有好轉的問題，或許就出在這裡。

讓孩子親口說出報考的動機、補習的目的，親自思考「真正的目標在哪裡」，而這種親子間的確認行為，在教養中是相當重要的一個環節。

Q4

孩子寫作業時，總是會用小聰明偷懶

我女兒剛滿十歲，前幾天目睹她寫生字作業的模樣讓我相當傻眼，原來她不是一個字一個字寫完，而是縱向一口氣完成相同的部分（部首、橫線、縱線）再進行下個部分，例如：一次寫完點、一次寫完三點水，或是一次寫完「宀」部等，非常機械式地填滿練習格。由於不是照著筆畫一個字一個字慢慢寫好，所以根本無法學會正確筆畫。除了生字練習之外，我發現女兒已經不只是隨便了，而是常常想偷懶，因此無論哪一科都有像這樣跳過正常順序的狀況，請告訴我該怎麼糾正她才好。

（化名・篠田）

A 學習時最好念出聲音

我如果親眼目睹這個場景，會覺得真是聰明絕頂。不，這不是開玩笑，事實上孩子能夠自己編出這種方法是很值得稱讚的，篠田太太的女兒並非偷懶，而是採取了合理的作法。

我平常都會告訴孩子想記得新的英文單字或國字時，用抄寫的方式僅是浪費時間。這種抄寫法未經思考，因此很難將第一次見到的生字烙印在腦海中，所以最初應做的就是「讀」。

①有課本的話，就請照著注音符號念出五次左右。這麼做可以對字形留下視覺記憶，因此念完後腦袋也會記下生字的形體。

②接著另外列出課本中的生字，考考看孩子能否念出來，並且反覆考三次。

③完成後就要顛倒過來，讓孩子看著注音符號寫出國字，並且反覆考三次，如果有寫不出來的生字，就練習寫三至五次。

④在學校考試前再度實施③的小考，寫錯的就再寫三次。

這是最有效率、最不浪費時間的國字學習法（英文單字亦同），而且也能夠記得最牢。許多成績優秀的孩子，都是用這個方法以極佳效率習得國字與英文單字的。

最重要的是不要一開始就打算藉由抄寫記下，而是運用反覆的「輸出」來記憶。

因此令嬡使用的學習法其實相當合理，並無特別不妥的地方。但是這麼做的話就無法在國字考試中寫出正確的字了，所以合理歸合理，還是應搭配前述方法指導孩子，如此一來或許就能夠解決問題了。

Q5

孩子太沉迷打電動了，真不知道該拿他怎麼辦

我兒子現在就讀小學五年級，成績屬於中下，平常非常沉迷於電動，在家中絕對不肯放下 iPad。假日時會從早上開始玩好幾個小時，強行拿走平板電腦的話就會大吵大鬧，此外也很愛看漫畫或 Youtube，根本沒心思讀書。這讓我相當擔心他的前途，且這麼沉迷娛樂的模樣也讓我看了心煩，希望能夠阻止他再玩下去，也希望他可以讀點書。我該怎麼辦才好呢？實在很著急。

（化名・久保田）

A 讓孩子自行決定規則與罰則

這幾年最常見的諮詢問題，就是有關孩子打電動的煩惱。為什麼看到孩子整天打電動，做父母的會心煩呢？因為孩子疏於學習嗎？但是其實大部分的名校學生都有在打電動。照理說遊戲與成績是沒什麼關聯性的，孩子並不是放棄遊戲後就會乖乖讀書，成績當然也不會因此提升，所以請各位先拋開「電動是萬惡根源」的成見吧。

我歸納出兩種解決方案。

一是最傳統的方法，就是親子針對當前狀況的問題促膝長談。首先提出孩子沉迷電動所造成的問題，接著請孩子自行決定規則與罰則後，再一起討論該怎麼調整。因為相較於父母單方面設定的規則，孩子比較願意遵守自主訂下的規則。

舉例來說，決定好的規則是「一天最多玩一個小時，不遵守的話就禁玩一週」，那就請孩子寫在紙上後張貼在全家人都會看到的地方。

實際上執行罰則時，孩子可能會哭鬧或耍賴，但是這裡最大的關鍵在於必須嚴格要求孩子遵守約定，這麼做才能夠真正有效幫助孩子脫離沉迷於電玩的日子。

第二種方法就是「讓孩子玩個盡興」，也就是相當偏激且不按牌理出牌的「長處延伸法」。或許會有人認為這種做法「不切實際」，但是或許孩子的長處或才能就在這裡（電玩）也不一定？

孩子面對有興趣的事情時，會灌注令大人訝異的熱情與能量。因此孩子真心想打電動的話，就代表這件事情為孩子帶來了「喜悅」、「滿足」等幸福感。有些孩子會透過熱中電玩，獲得各種知識或開發天分，在未來的夢想或工作上派上用場的機會並不是零。

事實上許多科技公司的創業者都是小時候沉迷電動，甚至到達廢寢忘食的地步。正因為他們生長的家庭並未對電動有所限制，他們才能夠實現偉大的成就。

儘管如此，我還是明白各位家長的不安：「又不是每個喜歡打電動的孩子都能夠創立科技公司，讓他們繼續沉迷下去真的好嗎？」

因此該選哪一個方案呢？全仰賴各位的判斷。但是這裡要提醒各位，無論選擇哪一條路，最要不得的就是半途而廢。

Q6

突然改口稱讚，孩子不會一頭霧水嗎？

我家兒子分別是國二生與小六生，畢竟是男生，所以一直以來都是用嚴厲的斥責帶大的。這樣的我某天突然態度大變，開始用魔法金句讚美、鼓勵他們的話，孩子會因為母親急遽的轉變而感到困惑或詭異嗎？而且如果只是暫時讚美一段時間的話還可以，我實在沒有長久持續的信心。

（化名・柳澤）

A——請採取循序漸進的方式

媽媽的態度突然變化太大時，所有孩子都會覺得奇怪，會感到一頭霧水也不意外。

第二章也提過，父母的態度太過「刻意」時，孩子馬上就會發現了。因此最理想的做法是循序漸進，若能不被孩子發現的話最好。

「媽媽好奇怪喔！」「媽媽怎麼了？」「媽媽有什麼企圖吧？」如果讓孩子有這種感覺就很難獲得效果了。

用數字來表現的話可能會比較好懂，那就是剛開始一天稱讚一次，下週變成一天稱讚三次，再下週變成一天稱讚五次……試著從自己辦得到的地方，開始調整話語、想法與行為吧。從小地方開始調整，就等同於「溫水煮青蛙」，也就是「將青蛙放進溫水中再慢慢加熱，青蛙就會在感受不太到溫度變化的情況下被煮熟」，當然這邊是以正面意涵來解釋。

這是我在指導學生時常用的方法，一點一滴慢慢將學生引導至正確的方向，在不知不覺間學生就能解開難度更高的題目，於是回過神來才發現所有人的成績都提升了。

柳澤太太如果是真心想調整一直以來的教育方針，改用魔法金句提升孩子的自我肯定感時，這種「循序漸進法」會非常有效。只要持之以恆，那麼會產生變化的不只有令郎們，連您自己也會有正面的發展。

Q7

孩子不管做什麼，都是三分鐘熱度

我女兒就讀國三，想嘗試的東西很多，包括游泳、鋼琴、足球、舞蹈等，但是每個項目都是三分鐘熱度，一下子就膩了。由於她不擅長讀書，所以我才想說幫她找到其他領域的才能，但是至今已經嘗試過許多領域了，卻尚未找到能夠持之以恆的項目，全部都不成氣候。身為父母該怎麼協助她才好呢？

（化名・山口）

A 請告訴自己：「我家孩子三分鐘熱度很正常。」

其實無須擔心孩子三分鐘熱度，無論嘗試的時間多麼短暫，對孩子來說只要有親身體驗過，就是非常有意義且珍貴的經驗。

「我家孩子一下子就膩了……」除了山口太太以外，其實我也收過許多相同的諮詢。但是為什麼孩子必須持之以恆呢？讓孩子在非自願的情況下持之以恆能有什麼好處呢？

孩子正處於探索自我能力的途中——各位試著建立這個觀念如何呢？孩子所經歷過的各種體驗，或許都會與未來要走的路有關聯性。因此只是淺嘗也無妨，或許這些經驗會在孩子本人也沒注意到的情況下，成為人生的糧食，所以不需要特別著眼於孩子是三分鐘熱度還是持之以恆。

為什麼各位家長要將無法持之以恆視為「缺點」呢？無法持之以恆就

代表孩子無法在該領域獲得快樂，長期做不快樂的事情會釀成龐大壓力。

孩子遇到不想做、不快樂或是造成壓力的事情而不願意持續下去，是相當健全的反應。

「戲棚下站久就是你的」這種觀念當然沒有錯，但是真心不想持續時不要勉強會比較好，因為「沒有繼續站下去的意念時，是什麼都得不到的」（當然也有剛開始很排斥，努力久了就產生熱情的案例，但是卻極為罕見）。

「請你專精一個領域」只是父母擅自加諸在孩子身上的期待，因為當孩子遇到想要專精的領域時，不用父母叮嚀也會積極去做。

因此身為父母最好的應對方法，就是什麼都不要說、什麼都不要做，當然也不要批評孩子：「又無法持續了！」

願意嘗試的孩子遲早會找到適合自己的領域吧？只要秉持著如此心態守候孩子的探索過程，孩子就會自己動起來的。

Q8 我平常和孩子不怎麼聊天，沒有機會用到魔法金句

由於我先生獨自派駐外地，家裡只有我和高一的兒子。我擁有全職的工作，很少有時間和孩子相處，再加上是男孩子，所以母子幾乎不怎麼聊天，就算想使用魔法金句也找不到機會，令我相當苦惱。

（化名．吉田）

國二的兒子正處於叛逆期，不管我說什麼都選擇無視，儘管如此我仍毫不氣餒地說著魔法金句，結果卻引來兒子激烈的反彈：「吵死了」、「囉嗦」、「妳傻了嗎？」魔法金句好像讓孩子更生氣，真的沒問題嗎？

（化名．古川）

A—魔法金句不用搭配任何對話或聊天

或許各位無論遇到什麼話題，都會想盡辦法在親子對話裡穿插包括魔法金句在內的所有正向話語。其實不需要如此費心費力。

例如：孩子今天有社團的比賽，所以孩子回家後就出現如此對話：

「比賽結果如何？」

「我們贏了。」

「哎呀，太好了。」

光是這樣就夠了，再來只要在孩子幫忙做了什麼之後，簡單說句「謝謝」就相當足夠。正因如此，「太好了（很好耶）」或「謝謝」才能夠名列魔法金句。這邊請注意是魔法金句而非魔法對話，所以父母單方面搭話也無妨，孩子毫無反應也無妨，甚至在說出魔法金句時也不必字字斟酌。

魔法金句不需要對話也能夠派上用場，正因為拋出的是簡單短促的話語，更容易直達孩子的內心並慢慢產生效果。

雖然吉田太太表示「不怎麼和孩子聊天」，但是總有些發出單音節的交流或是互動吧？

「早安。」、「要再添一碗飯嗎？」、「有衣服要洗的話記得拿出來。」連這點互動都沒有嗎？只要還有少許的互動，就試著將魔法金句一點一滴地用在這些場景上吧。或許效果會很緩慢，但是肯定會看得到成效。

正向的話語能夠改變家庭內的氣氛，慢慢地孩子也會受到影響，散發出的氣場也會跟著改變。有朝一日，孩子主動開口或是嶄露笑容的次數也會愈來愈頻繁……請各位期待這些有趣的變化吧。

古川太太同樣不用擔心。只要把孩子的反應當成有把話聽進耳裡就好了，這代表自己說的話都有確實傳過去，甚至反彈的言行也可能是情況好轉的過度期，所以請選擇忽視。即使孩子在家中的態度沒變，相信也會先從在外的態度產生變化。

孩子會先對朋友或其他人產生包容心，待人處事自然會變得更圓滑，漸漸地在家中的言行也會出現相同的傾向。

吉田太太與古川太太都請先建立好這樣的觀念——青春期與叛逆期的男孩子，都「沒辦法與父母正常對話」。所以不要強迫孩子與自己聊天，只要主動拋出一些簡短的話語即可。

「在學校過得如何？」、「有在讀書嗎？」、「什麼時候考試？」各位對這些話題有什麼感想呢？

是的，這些都是父母不該做的干涉，而且孩子的回應大概只有「還好」而已。

「聽說今天下午會下雨喔」、「○○的部落格文章好像又被罵了」、「今天○○線的電車好像因為事故停駛？你沒問題吧？」

這種生活上的閒聊話題才是最恰當的，或許孩子剛開始會毫無反應，但是仍請保持這種風格吧。

Q9

魔法金句的效果能夠維持到幾歲呢？

魔法金句的效果能夠維持多久呢？我家一雙兒女都已經上高中了，對他們還有用嗎？

（化名．仲川）

A —— 無論幾歲都有效，快的話約一週見效，平均來說則是持續三週就有效果

根據我詢問媽媽們所得出的數據，使用魔法金句後平均三週就會見效。所以請各位當作「試用」先持續一週看看。只要持續用這種方法向孩子搭話一週，媽媽本身的情緒也會產生變化。

即使孩子並未有明顯的變化，父母本身會發現光是說著魔法金句就覺得「心情很好」。

除了「這不像你」之外，其他的九句魔法金句都相當積極正面，多加使用也能夠幫助自己挖掘孩子的優點。然而在這之前，請先期待自己的心靈變化。

媽媽本身通常只需要一週左右就會產生變化，實際操作三週之後效果也會在孩子身上現形（實際效果因人而異，所以無法斷定一律會在三週見效）。孩子的自我肯定感已經瓦解很久的時候，或許很難在三週內看到明顯的改變。孩子曾有過多少負面經歷就有多少「負債」，儘管魔法金句的效果會受其影響，但是仍會慢慢浮現效果。

當然，魔法金句也會在高中生身上見效。無論是大人、父母、另一半還是朋友，在人際關係中善用魔法金句都能獲得良好的效果，當然對自己也適用。

魔法金句僅用在孩子身上太浪費了，所以請在人生中盡情使用吧。

Q10

即使封印了「快去讀書」這句話，孩子成績仍然持續下滑

我的女兒是國小六年級生，您曾提到每說一次「快去讀書」就會使孩子的偏差值降低一階，聽起來頗有意思，所以我便決定按照您的建議，完全不催女兒去讀書，但是別說成績變好了，實際上是每況愈下，這讓我相當焦慮不安。請問這樣撒手不管真的是好事嗎？要給予孩子信賴真的非常困難。

（化名・芳岡）

A 先放下期待，試著放棄一段時間

不再繼續催促孩子讀書，理應有助於孩子自主學習，成績當然也會提升——芳岡太太是否抱持著如此期待呢？這個理論原則上是正確的，但是只要其中摻雜了名為「期待」的欲望就會失去效果。恐怕芳岡太太就算沒有將「快去讀書」說出口，內心的焦慮不安仍透過其他形式衝擊著孩子吧（例如表現出催促讀書的態度）？很多媽媽們都對兒女抱持著各種期待，因此有這種狀況的機率相當高。

請各位試著放下期待吧。期待勢必迎來絕望（參照第183頁），我們應該給予孩子的是信賴而非期待。

乍聽只是不切實際的漂亮話，但是這其實是育兒時唯一的真理。信賴孩子就等於交給孩子作主，所以當孩子選擇「不讀書」時，就先讓孩子親自去面對自己的選擇吧。

信賴孩子，就是樂觀守候孩子的選擇。內心感到焦慮不安時無法保持樂觀，當然也無法實現真正的守候。孩子感受得到父母的不安，如此一來孩子也會跟著不安。

父母此時應該做的不是干涉孩子，而是想辦法讓自己開心。請將專注力放在讓自己每天保持愉悅，胸懷不安與焦慮時無法真正信賴孩子。

所以請先將成績放在一邊，放棄期待孩子吧。

這時也有媽媽提出另外一個方案：「我不可能放棄對孩子的期待，可以只降低期待程度就好嗎？」但是其實降低期待的程度更加困難，所謂的期待只有「要或不要」、「零或一百」。

Q11

找不到孩子的優點和長處，令我很擔心

我真的很想找到孩子的優點並盡情使用魔法金句，但是就讀國小四年級的兒子，總是不把學校發的通知單等拿出來、書包與抽屜都亂七八糟，由於整天只會滑手機跟打電動，成績當然也很差，此外也不擅長運動，個性也稱不上開朗，時不時還會胡鬧。說明白一點，就是找不到我家兒子值得稱讚的地方，根本不曉得該怎麼對孩子說「很好耶」、「好厲害」。

（化名・武田）

A 世界上沒有毫無優點的孩子

「只看自己想看的，只聽自己想聽的」是無可避免的人性。這在心理學領域稱為「雞尾酒會效應（cocktail party effect）」，指的是大腦在接收資訊時只會選擇對自己有必要的東西。

或許聽起來有些刺耳，但是您根本不打算挖掘或是正視孩子的優點不是嗎？正因為一直想挖出孩子的缺點，所以才會只看見缺點。

我至今已經教過三千五百位以上的孩子，從未見過毫無優點的人。其實很多媽媽都誤以為只有符合普世價值觀的特質才是優點，像是很會讀書、擅長運動、懂得打招呼、個性開朗等，但是真的只有這些才稱得上是優點嗎？願意澆花、笑聲很宏亮、懂很多昆蟲知識、跑步很快、喜歡動物等，只要仔細觀察孩子就能夠發現許多優點。有時乍看是缺點的地方，也可能是孩子的優點。舉例來說，專注力不佳（＝缺點）的孩子反過來說，可能是個容易察覺周遭變化（＝優點）的孩子，所以請努力看見孩子的優點吧。

武田太太肯定想提高孩子的自我肯定感對吧？**想提升孩子自我肯定感的話，首先必須努力找出孩子的優點**。

聽見武田太太的敘述，我腦海中的令郎其實是相當優秀的，例如：會依自己的步調行事、大而化之、會對喜歡的事物灌注熱情、很有自己的想法。您認同嗎？

有時候會胡鬧是精力太過旺盛所致，只是孩子不知道將精力宣洩在何處，不小心爆炸了而已。

因此放任孩子胡鬧一段時間，理應會自己恢復正常。若還不會影響到他人，就別以太過嚴苛的目光看待，試著以看戲的心情觀察孩子吧，例如：「啊，看起來好像山上的猴子，真有趣。」

只要媽媽願意多加探索孩子的優點，孩子就會覺得人生非常輕鬆。所以請找到孩子的優點吧，父母愈是專注於孩子的長處，孩子自然會產生良好的變化。

Q12

孩子沒有夢想也沒有目標，該怎麼辦？

我曾詢問女兒（國二）未來的夢想是什麼，結果從女兒的回答可以感受到她對未來沒有什麼夢想、幹勁或目標，甚至也沒有抱持什麼希望，讓我相當震驚。她沒有想去的高中或大學，對社團活動也沒什麼興趣，除了電動或閱讀以外沒有特別想做的事情，成績也相當普通。「普通不好嗎？」雖然她本人毫不在意，我卻很擔心她的前途。

（化名・真鍋）

A 沒有夢想與目標都很正常，一點問題也沒有

表示自己擁有夢想的孩子中，約有八成的人只是順水推舟回答而已，大多數的中學生都沒有具體的夢想，這才是真正的現實。

父母往往換了個位置就換了顆腦袋，雖然會想著「人必須擁有夢想」等，但是當自己還是國中生時，真的有朝著什麼夢想在前進嗎？當時的自己已經訂好明確的生涯目標，每天持之以恆地努力不懈嗎？或許有些人是如此，但是大部分的人都不是這樣的吧？

當然，夢想或目標能夠為學生生活帶來熱情與動力。

儘管如此，孩子現在就是沒有夢想，沒有就是沒有。

真鍋太太的孩子會「沒有夢想」，只是因為還不夠了解這個世界罷了。孩子的行動範圍有限，每天反覆著相同的日常，身邊恐怕也沒什麼正閃耀追逐著夢想的人，所以找不到夢想與目標很正常。

所謂的才能（或特色），在尚未被挖掘出來時，都靜悄悄地沉睡在體內深處。必須接收到形形色色的刺激，在經驗的累積過程中逐漸甦醒、萌芽。既然希望孩子找到夢想，就請務必帶著孩子認識世界，幫助他們知道世界有多麼豐富。

這個世界有著各式各樣的人種，還有男女老少等不同年齡層，除了學校的主要科目之外，藝術、哲學、建築、醫學、工業、宇宙工學、科技相關等都是能夠學習的領域，可以說是無窮無盡。除了上班族與公務員之外，還有五花八門的職業與生意，當然也有人依自己的特色開發出了專屬自己的市場。

二十一世紀產生了許多與二十世紀截然不同的業態與業種，所以請告訴孩子：「能夠靠興趣吃飯的話也很好。」

事實上孩子們天生就渴望著更寬闊的視野、新知與改變。

Q13

另一半總是向孩子說詛咒的話語

我家成員包括我、國小三年級的女兒與先生，我基本上屬於放任主義，從未要求孩子去讀書，但是我先生總是一天到晚嘮叨，每天都卯起來對孩子用「詛咒的話語」。雖然女兒會不情不願地去讀書，卻也對父親的高壓產生反彈，說出「爸爸不要回家最好！」這種話，我究竟能怎麼辦才好呢？

（化名・五十嵐）

A——維持現況也沒問題

其實保持現況就好了。當然夫妻的教育方針一致是最理想，但是其實不同也無所謂。即使爸爸每天說著許多詛咒的話語，只要媽媽能夠以輕鬆的態度告訴孩子：「不用太過在意。」家庭內的教育就取得了平衡。

如果夫妻能夠達成共識，爸爸也跟著一起使用魔法金句是再好不過，不過多數爸爸都是如此。

多虧了孩子的爸這麼嚴格，讓女兒覺得「媽媽好溫柔」，站在媽媽的立場或許很幸運……請切換成如此心態吧。

但是看到孩子口吐「爸爸不要回家最好！」這種惡言，實在很難坐視不管吧？幸好這種狀況未必會一直持續下去。**孩子每天都在成長，維持現狀的只有父母，孩子會慢慢變得成熟，親子關係也隨時都在改變。**

或許會擔心放著不理的話，孩子搞不好會一輩子討厭爸爸，但是擔心也沒用，未來真的發生這種事情時，可以說是「爸爸自作自受」。

請五十嵐太太還是按照現有步調守候著孩子，和孩子建立良好的關係，一如往常地對待孩子吧。

一般來說，育兒工作的主導權都握在媽媽手上，所以媽媽對孩子的影響力遠大於爸爸。所以媽媽的魔法金句，絕對能夠抵銷爸爸的負面話語。

晚點再聽你說喔

媽媽，我跟妳說喔，今天啊……那個啊……
抱歉！我現在很忙，晚點再聽喔
要放這個
還有那個
好吧……
媽媽，妳好了嗎？
差不多了吧
喂……
呼嚕～
什麼？

第四章

父母也需要提升自我肯定感

詛咒的話語來自父母的不安

「多念點書。」「好好去做。」「快點去做。」

看到不管講了多少次都不乖乖聽話的孩子，父母難免因感到煩躁而提高音量。然而這種言行的背後，可能暗藏著父母本身所抱持的不安。

「考這種成績實在太丟臉了。」「連這種事情都辦不到會被其他人嘲笑。」「憑這種成績，根本不可能有前途。」即使內心是為了孩子好，但是說這些話都只是用來消除自己的不安罷了。

此外很多媽媽會將孩子的考試成績視為自己的育兒成果。所以只要孩子考差了，就誤以為「我的孩子不優秀」＝「我不優秀」。這對媽媽來說猶如自己遭到否定，內心不免受傷。

父母總是忍不住嘮叨各種事情的一大理由就在這裡。

孩子是孩子，父母是父母，彼此擁有各自獨立的人格。

整天沐浴在詛咒話語中的孩子，會愈來愈討厭讀書↓成績下滑↓媽媽又進一步施加詛咒話語……在這種情況下，親子深陷惡性循環之中也是理所當然。

考試成績不佳的孩子、整天打電動的孩子、怕生消極的孩子、不擅長運動的孩子，真的都會成為沒前途的人嗎？將來真的都毫無希望嗎？

當然不是這樣，這只是各位的偏見而已。

即使培育出令全日本父母都羡慕的「好孩子」、「優秀孩子」，孩子本人也未必覺得幸福，當然也無法保證擁有幸福的未來。

雖然學校的學科成績有待加強，但是活用自己的興趣與擅長的領域，發揮人格特質迎來豐富且幸福的人生——我們身邊就有許多這樣的大人吧？

孩子們本來就不會有「世間很嚴苛」、「不努力得不到幸福」等觀念，都是父母在育兒過程中時不時叨念「你這樣不行，未來令人堪憂」，才將負面價值觀深植在孩子心中。

由此可知，**父母的不安會限縮孩子的可能性，也會讓自己困在不必要的苦惱中**。請各位認清事實，只要能夠多加留意，肯定會有所改變。

期待與絕望是一體兩面

其實「詛咒」本是父母的期待，希望孩子「變成這樣的人」。

希望孩子禮貌得體、
希望孩子活潑有朝氣、
希望孩子名列前茅、
希望孩子受到大家喜愛、
希望孩子堅強得足以跨越所有困難……
父母的期望不斷延伸，沒有終點。

但是父母理想中的孩子，與眼前的孩子之間往往有著落差。這裡不夠好、那裡學不會、為什麼學不會？父母總是著眼於孩子不足之處（缺點）並感到失望。

那麼這邊要告訴各位一件殘酷的事實。

那就是有所期待時，絕望也會隨之而來！

父母為了填補理想與現實的落差，會開始干涉孩子的短處或缺點，也就是許多媽媽最會的「出言糾正」。

將理想中的孩子與現實中的孩子放在一起比較後，媽媽們會感到幻滅、失望，甚至也會想要抱怨個幾句，面對這種處境的孩子哪受得了？

「我才沒有奢望高不可攀的理想，我只要求孩子中規中矩，當個普通的孩子就夠了。」相信也會有這樣的媽媽，但是這樣的想法不就代表媽媽「希望孩子當個普通的孩子」嗎？這就是一種期待。

我看過許多期望孩子「符合普世價值觀」的媽媽，在發現孩子個性獨特、「不規不矩」的時候感到失望（明明獨特的個性中，塞滿了許多才能與可能性）。

我認為所謂的父愛與母愛，是必須無條件接受孩子的，也就是接受並認同孩子最真實的一切。

「只要你能夠達成這個目標，我就認同你。」、「只要你去做這件事情，我就會好好愛你。」這種有附帶條件的愛，稱不上是真正的愛。

「你去補習的話，我就認同你。」、「你考一百分的話，我就稱讚你。」如何呢？各位冷靜地捫心自問後，是否發現這種帶有附加條件的愛，充斥著自己的人生呢？

然而，覺得自己不符合父母的期待就無法被愛的孩子，其實相當不幸。

有時必須學著「放棄」

「每次要求孩子寫作業時，孩子就會反抗逃跑，有時還會翹課跑回家，請問我該怎麼辦才好？」

前陣子有位育有叛逆期男孩的媽媽找我商量，儘管她什麼都嘗試過了還是毫無效果，似乎已經束手無策。

我提供給這類媽媽的建議只有一個。

那就是「放棄吧」。

你在說什麼不負責任的鬼話？各位或許會這麼想。

但是以這個案例來說，父母不先解決自己的問題，就完全無法改善現況。

面對怎麼講都講不聽的孩子時就怒氣高漲、大聲斥責、說出威脅話語、長篇大論地說教，甚至脫口說出「我不管你了」。

這些其實都是父母無法控制情緒所引發的問題。

這時該怎麼辦才好呢？

答案就是「放棄」。請各位明白，這裡所說的「放棄」，是請各位父母放棄對孩子抱持期待。首先請父母先放棄「希望孩子做功課」、「希望孩子乖乖上學」這類期待。

根本難如登天嗎？不，請各位鼓起勇氣放棄自己的期待吧。

我所提議的「放棄」絕對不是什麼放手一搏，更不是要求各位放棄教育孩子。請各位先想想，放棄孩子之後事情會如何發展？孩子會更加我行我素達到無法控制的地步，甚至釀成嚴重事態嗎？

其實這些都不會發生，反而可能引發截然不同的現象。

所謂的「放棄」，其實是放棄各位至今在不知不覺間太過堅持的期待，改為無條件信賴孩子，以真正的愛守候並培育孩子。

不是監視、不是檢查，而是用「我隨時都在，遇到困難時要告訴我」的態度溫暖守候孩子。

如果能夠實現這種程度的「放棄」，孩子就能夠從父母的詛咒（名為期待的詛咒）中解脫，獲得盡情成長的自由，漸漸地也不會再做出叛逆行為。

父母覺得幸福，孩子就會跟著幸福

總是只看到孩子的缺點，代表父母（觀看者）內心出狀況了。

同樣是愛哭愛笑，情緒起伏很大的孩子，有些媽媽會覺得「富有熱情與感性」，有些媽媽則頭痛不已：「真是難搞愛鬧的孩子。」一切都取決於觀看者解讀的角度不同罷了，沒錯吧？

那麼孩子希望父母用什麼樣的角度看待自己呢？

而父母用哪一種角度看待孩子，自己才會感到幸福呢？

這裡要請各位一起來做個「妄想實驗」。

或許難以置信，但是你今天竟然中了一億日元的樂透！這可不是在作夢！這是不折不扣的事實，無論確認幾次號碼，結果都一樣，你就是中了一億日元！

這時不愛讀書且頭腦簡單的孩子，正坐在旁邊看著漫畫捧腹大笑。

現在的你，會想大聲責罵孩子「不要再看漫畫了，快去讀書」嗎？

想必是開心得不得了，開心得沒空去思考這件事情吧？現在滿心都是一億日元要拿來買什麼？要怎麼花？要告訴誰？對了，去旅行吧！或許還可以買棟房子！腦中的妄想無盡延伸，即使孩子只考四十分、翹課不去補習，甚至是沉迷於電玩，都絲毫不覺得生氣吧？

「四十分？沒關係沒關係。」、「不過是補習班，偶爾不去也無妨。」、「這個電動很好玩的感覺，也借我玩玩看嘛！」或許還會說出這種話也不一定。

雖然「中一億日元的樂透」是過於極端的例子，但是偶爾做做這種超展開的妄想有其意義。透過這個「妄想實驗」可以輕易發現，原來父母開心時對待孩子的態度會有如此大的差異。

人們在自己幸福的時候，對他人也會比較寬容。願意容許他人的失敗、不容易看見他人的缺點，甚至能夠發現對方的潛在的優點。

只要父母心滿意足覺得幸福，就能夠用「樂觀的角度」而非「擔憂的角度」看待孩子，自然不會過度干涉。懂得享受自己人生的人，本來就不會太過在意其他人，這個道理放在家庭內也適用。

如此一來，「家」就成了孩子能夠安心的快樂歸屬，當然也會成為孩子盡情發揮才能的「場所」。

「父母覺得幸福，孩子就會跟著幸福」。

這是真的。期望孩子幸福的話，只要父母自己學會享受人生，過得幸福即可。是的，請先從自身做起。

安排屬於自己的時光

「我實在無法放下對孩子的期待。」
「我實在無法放棄孩子。」

抱持如此想法的媽媽們，請認真思考一下除了孩子之外，「到底還有什麼能夠讓自己感到快樂」，請將注意力放在會讓自己雀躍的事物上。

- **和朋友聚餐**
- **去看喜歡的電影**

- **來場隨心所欲的小旅行**
- **蒐羅有美味甜點的店家**
- **埋首於一直很有興趣的長篇漫畫**
- **在健身房揮灑汗水**
- **享受SPA的療癒時光**

不必去煩惱該做什麼比較好，只要是能夠讓自己開心的事情都盡情去做吧。坦誠面對自我，沉浸在愉悅之中、享用美食……展開所有會讓自己打起精神、心頭一振的事物。

只要自己感到快樂，就不會太過在意其他人做了什麼，就算對象是自己的孩子也毫無例外。

「做媽媽的整天都在玩，家人會很困擾的。」或許有媽媽對於享受興趣，沉浸於喜歡的事物抱持罪惡感。

但是就如同世界上沒有理想的孩子一樣，當然也沒有理想的母親，不必成為優秀的父母也無妨。

請各位媽媽找到自己想做的事情，從享受樂趣開始打造幸福的每一天。身邊有個快樂的人、好心情的人或是笑容滿面的人，都會不由自主感到開心不是嗎？家人也是如此。

孩子每天都看著父母學習，媽媽會在什麼時候開心？爸爸會因為什麼而生氣？這一切都會成為孩子的範本，持續對孩子的一生產生莫大影響。

父母親自證明「人生是快樂的」，為孩子帶來毫無虛假的示範，正是身為父母的重要責任之一不是嗎？養育孩子靠的不是背影，而是笑容。

請各位不要痴痴等待一億日元的樂透（畢竟很難實現），動手為自己打造能夠感到滿足雀躍的時光吧。

在思考孩子的事情之前，先想想自己該做什麼才會感到快樂，去奪回早已忘卻的「屬於自己的時光」。

只要媽媽的內心處於「愉快」的狀態，對孩子的過度期待就會在不知不覺間消失，自然就能夠學會「放棄式（＝秉持信賴守候孩子）育兒法」。

也對自己使用魔法金句吧

肯定他人的話語，也可以用來肯定自己。因為正面的話語具有淨化負面情緒的作用，能夠撫平自己心中的忌妒、不滿、不安與憤怒。

愈常使用正面話語的人，人生中感受到的幸福就愈多。

十大魔法金句也是具正面意義的話語。

而這些魔法金句不僅對聽的人有效，還能夠讓說的人心情變好，可以說是「聽得舒服，說起來更舒服」的話語。

長大成人後，坦率褒獎他人或接受讚美的機會驟減（客套話倒是增加許多）。

因此這邊希望各位能夠對自己多說「好厲害、太了不起了、很好耶」這類正面話語，當然，主詞是「我」。

我好厲害喔、我真是太了不起了、我表現得很好耶、我可是很厲害的喔、我做得很好、我太棒了——就像這樣多多稱讚自己吧。

就算只是一句簡單的話語也無妨，想到的時候隨時隨地都請盡情說出口。只是一句「沒問題」也可以，所以請大力使用吧。

各位可能會覺得簡直就像在對自己下達「不可靠的咒語」，但是請各位先嘗試看看，如果嘗試過後毫無成效的話再停止就好了。

這種下意識多次反覆的話語，是具有力量的。「我超厲害！」這句話的療癒程度會比「像我這種人」高上多少呢？聽到後該有多開心呢？

對自己施加魔法金句，同樣有助於解除充滿焦躁的育兒詛咒。

所謂的大人，就是稍不留意便會傾向負面思考、心情愈來愈糟的生物，所以請努力討自己歡心吧。

媽媽放下內心的擔憂並「以好心情享受生活」，就是提高孩子自我肯定感的最強也是最佳捷徑。

擁有高度自我肯定感的孩子，想法也會變得積極，滿心都是「人生真有趣」、「世界會隨著自己的心情改變」。打從心底如此相信的人，無論遇到什麼事情都會覺得幸福。

所以不要只顧著對孩子施加魔法金句，也請務必用在自己身上。

對媽媽也有效♪

媽媽好厲害喔！
謝謝媽媽一直照顧我
真不愧是媽媽！
咦？真的嗎？是這樣嗎？
我好開心喔！
閃亮
媽媽看起來還好嗎？
嗯！很好！
啦啦啦
10大魔法金句

「別再使用三大詛咒話語！」各位媽媽聽到這種說法後，或許會變得綁手綁腳，不得不將話吞進肚子裡，甚至可能得承受龐大的壓力。

因此這邊要請各位在能力所及的範圍內，減少三大詛咒話語的使用頻率即可，此外請將注意力放在使用「提升孩子自我肯定感的十大魔法金句」。

當然我們很難時時刻刻牢記這十大金句，這時就要使用提高孩子自我肯定感的最佳方法。

那就是「請媽媽們試著享受每一天」。只要媽媽在生活中感到愉悅，這份情緒自然會傳到孩子心底。儘管孩子老是不聽父母的話，但是肯定會接收到父母的情緒，也會受到身教的影響。

一旦父母懂得為自己的生活增加樂趣，接收到父母情緒的孩子，自然也能夠了解為自己創造生活中的樂趣是多麼重要的事。

生活樂趣帶來的「雀躍感」，是提升孩子自尊心與自我肯定感的泉源。

那麼媽媽們該怎麼做才能增添生活中的樂趣呢？首先請各位不要為了育兒而犧牲自我生活，去一些能夠讓自己感到雀躍的場所，去和能夠為自己帶來雀躍情緒的對象聊天，去品嘗吃了會心情雀躍的美食。

也就是說，盡量接觸能夠振奮精神的人事物。

如此一來，媽媽在不知不覺間就會懂得享受自己的人生，整個人變得容光煥發。最終會有閒情逸致找到孩子的優點，對孩子說出的話語也自然會改變。

所以，請各位在日常中多加疼惜自己。

二〇一八年六月　東京某咖啡廳　石田勝紀

family field 親子田 親子田系列 053

讓孩子心智堅定又自信的 10 句話

別小看「關鍵一句話」的力量！媽媽的教養口頭禪，改變孩子的一生

子どもの自己肯定感を高める 10 の魔法のことば

作者　石田勝紀
譯者　黃筱涵
封面設計　張天薪
內文排版　許貴華
責任編輯　張成慧
行銷企劃　黃安汝
出版一部總編輯　紀欣怡
日文原書製作人員　木村吉見（內文插畫、四格漫畫）
稻田美保（編排與構成）

出版者　采實文化事業股份有限公司
業務發行　張世明・林踏欣・林坤蓉・王貞玉
國際版權　鄒欣穎・施維真
印務採購　曾玉霞
會計行政　王雅蕙・李韶婉・簡佩鈺
法律顧問　第一國際法律事務所　余淑杏律師
電子信箱　acme@acmebook.com.tw
采實官網　www.acmebook.com.tw
采實臉書　www.facebook.com/acmebook01

ISBN　978-986-507-898-0
定價　340 元
初版一刷　2022 年 8 月
劃撥帳號　50148859
劃撥戶名　采實文化事業股份有限公司
10457 台北市中山區南京東路二段 95 號 9 樓
電話：（02）2511-9798　傳真：（02）2571-3298

國家圖書館出版品預行編目資料

讓孩子心智堅定又自信的 10 句話 / 石田勝紀著 ; 黃筱涵譯 . -- 初版 . -- 臺北市 : 采實文化事業股份有限公司 , 2022.08
208 面 ; 14.8×21 公分 . -- (親子田系列 ; 53)
譯自 : 子どもの自己肯定感を高める 10 の魔法のことば
ISBN 978-986-507-898-0(平裝)
1.CST: 親職教育 2.CST: 親子溝通
528.2　111008380

KODOMO NO JIKOKOTEIKAN WO TAKAMERU 10NO MAHO NO KOTOBA
by Katsunori Ishida

First published in Japan in 2018 by SHUEISHA Inc., Tokyo.
This Traditional Chinese edition published by arrangement with Shueisha Inc., Tokyo in care of Tuttle-Mori Agency, Inc., Tokyo through Keio Cultural Enterprise Co., Ltd., New Taipei City

采實出版集團 ACME PUBLISHING GROUP

10
MAGIC
WORDS

10
MAGIC
WORDS